DIE LETZTEN TAGE

Steven Spielberg und
Survivors of the Shoah Visual History Foundation

Die letzten Tage

Basierend auf dem Film von James Moll

Vorwort von Steven Spielberg
Mit einer Einleitung von David Cesarani

Original Fotografien von Geoffrey Clifford
Aus dem Englischen von Felix Seewöster

Vorwort

Steven Spielberg

Dieses Buch geht über den Film *The Last Days (Die letzten Tage)* hinaus, der die Reise von fünf mutigen ungarischen Überlebenden des Holocausts, Alice Lok Cahana, Irene Zisblatt, Tom Lantos, Renée Firestone und Bill Basch, verfolgt. Die Einzelschicksale, die von Überleben und Neuanfang handeln, sind bemerkenswert, und ich bin sehr stolz, diese Menschen zu kennen. Die Begegnung mit ihnen war symbolisch für einen Teil meines Lebensweges, der im Herbst 1993 bei den Dreharbeiten zu *Schindlers Liste* begann.

Das Filmen nahm eine besondere Bedeutung an, als wir versuchten, die Geschichte der Schindler-Juden vor dem Hintergrund der Verfolgung, des Hasses und des Todes zu erzählen. Um die Opfer des Holocausts nicht durch die Arbeit an einem dramatischen Film zu entehren, arbeiteten wir vor den Toren der Konzentrationslager. Die Bedeutung dessen, was wir zu erreichen suchten, wurde uns immer mehr vor Augen geführt, als Überlebende des Holocausts zum Drehort kamen, um zu sehen, was wir machen, um uns zu unterstützen und uns ihre eigenen Erfahrungen mitzuteilen.

Viele der Überlebenden, die zu uns kamen, erzählten ihre Geschichte zum ersten Mal. Sie fühlten sich vergessen, als ob die Welt nichts von ihnen wissen und sich nicht mit ihnen auseinandersetzen wollte. Jede dieser Personen beeindruckte mich und beeinflußte stark die Arbeit an *Schindlers Liste*.

Auf dem Heimflug habe ich über meine Erfahrungen nachgedacht und wurde durch sie dazu inspiriert, die „Survivors of the Shoah Visual History Foundation" zu gründen, um den Überlebenden des Holocausts die Möglichkeit zu geben, ihre Erfahrungen vor der Kamera zu schildern. Die so entstehende Sammlung von Zeugenaussagen soll dazu dienen, über den Holocaust aufzuklären und Toleranz zu lehren. Darüber hinaus soll die Sammlung Forschungsmaterial für heutige und zukünftige Gelehrte und Historiker sein.

Meine Hoffnung war, daß Studenten dieser und kommender Generationen die gleiche Gelegenheit haben sollten wie ich, die Gesichter dieser Augenzeugen der Geschichte zu sehen und ihre Stimmen zu hören. Und wer könnte diese Ereignisse besser wiedergeben als die Überlebenden selbst?

The Last Days (Die letzten Tage) ist der dritte Dokumentarfilm der Foundation und der erste, der weltweit im Kino gezeigt wird. Er verfolgt das Leiden und Überleben von fünf Ungarn, die gegen Ende des Zweiten Weltkriegs Opfer der letzten Phase von Adolf Hitlers Völkermord wurden. Die Darstellungen der Überlebenden sind sehr persönlich, aufschlußreich und schwierig. Bill Basch fragt: „Warum habe ich überlebt? Warum hat Gott mich verschont?"

Die Lektüre dieser eindrucksvollen Zeugenaussagen verdeutlicht, daß die meisten Überlebenden einen gemeinsamen Wunsch haben – ihre Geschichte zu erzählen.

Steven Spielberg
Gründer und Vorsitzender
Survivors of the Shoah Visual History
Foundation

Prolog

Michael Berenbaum

Im Jahre 1994 gründete Steven Spielberg die „Survivors of the Shoah Visual History Foundation". Die vordringliche Aufgabe dieser Stiftung besteht darin, Zeugnisse von Holocaust-Überlebenden, Zuschauern und Augenzeugen, Befreiern und Rettern aufzuzeichnen, bevor es zu spät ist.

Es war ein Rennen gegen die Zeit.

Die Überlebenden sind inzwischen alt, und in ein paar Jahren wird der letzte Augenzeuge nicht mehr am Leben sein.

Die Zeit war reif.

Direkt nach dem Krieg wollten viele der Überlebenden der Welt von ihren Erlebnissen, von ihrer Tragödie erzählen. Unglaube und Skepsis brachten sie zum Schweigen. Später dann, in ihrer Lebensmitte, wollten sie sich ihren Kindern mitteilen, und schwiegen doch, weil sie Angst hatten, sie damit zu sehr zu belasten.

Doch sie fühlen sich jenen gegenüber, die sie zurücklassen mußten, in zweierlei Weise verpflichtet: Sie hatten geschworen, sich selbst zu erinnern und die Welt nicht vergessen zu lassen.

Jetzt, an ihrem Lebensabend, wurden sie eingeladen, dafür zu sorgen, daß ihre Geschichte der Nachwelt erhalten bleibt, bevor es zu spät ist. Sie wußten, daß dies die letzte Gelegenheit ist. Wenn ihre Erinnerungen eine Zukunft haben sollten, mußten sie diese jetzt mitteilen.

Der Zeitpunkt war gekommen.

Der Film *Schindlers Liste* und die Arbeit der Holocaust-Museen hatten das Interesse an den Ereignissen jener Jahre geweckt. Die Bedeutung des Holocaust wurde um so deutlicher, je weiter wir uns von dem Geschehen entfernten. In Schulen auf der ganzen Welt fanden Begegnungen zwischen Überlebenden und Schülern statt. Das Ergebnis war, daß Erinnerungen weitergegeben, Wertfragen diskutiert und auf die Gefahr von Vorurteilen, Antisemitismus,

Rassismus und Gleichgültigkeit hingewiesen wurde.

Die Foundation wurde ins Leben gerufen, damit nachfolgende Generationen nicht vergessen, daß nur wenige überlebt haben, die Zeugnis davon geben können, was geschehen ist.

Die Ergebnisse sind beeindruckend. Bis zum Jahresende 1998 wurden 50.000 Zeugenaussagen in 31 Sprachen in 57 Ländern gesammelt – mehr als 114.000 Stunden mündlicher Berichte, genug Videomaterial, daß die Bänder einmal um den Erdball reichen würden. Man benötigte mehr als dreizehn Jahre und sechs Monate, um sich das gesamte Material anzusehen, wenn man vierundzwanzig Stunden am Tag und sieben Tage in der Woche darauf verwendete.

Die Aufgabe der Foundation ist es, Zeugenaussagen zu sammeln, zu katalogisieren und so weit zu verbreiten, wie moderne Technik und die zur Verfügung stehenden Finanzen es erlauben.

All dies steht im Dienst der Aufklärung. Der Film *Die letzten Tage* wie auch das gleichnamige Buch stellen einen ersten Schritt dar, den die Foundation in Richtung Erziehung unternimmt. Thema des Films ist das letzte Jahr des Zweiten Weltkriegs. Überlebende – Renée Firestone, Alice Lok Cahana, Tom Lantos, Bill Basch und Irene Zisblatt – berichten als Augenzeugen von den Auswirkungen, die das beschleunigte Programm zur Vernichtung der ungarischen Juden hatte.

Ein Wort zu jenem letzten Jahr.

Wir neigen dazu, den Holocaust als etwas Monolithisches zu betrachten, doch in Wahrheit unterschied sich das Schicksal der Juden im Holocaust von Land zu Land. In Deutschland dauerte die Vernichtung der Juden zwölf Jahre, von der Machtübernahme der Nazis 1933 bis zum Ende des Dritten Reiches 1945. Erst wurde definiert, wer ein Jude war, dann wurde ihr Besitz beschlagnahmt, und schließlich deportierte man sie nach Osten, wo viele ermordet wurden. Die beiden ersten Phasen dauerten etwa acht Jahre, Deportation und Tod dagegen nur zwei. In Polen verlief der Prozeß auf ähnliche Weise, nur daß hier noch eine weitere Etappe hinzutrat. Der Definition und Enteignung folgten zwei bis vier Jahre der Ghettoisierung und dann die Deportation in den Tod.

In Ungarn dagegen dauerte der ganze Prozeß nicht einmal vier Monate. Im März 1944 marschierten die Deutschen in Ungarn ein. Unmittelbar darauf wurde definiert, wer ein Jude war, und ihr Eigentum konfisziert. Anfang Mai waren die meisten ungarischen Juden ghettoisiert, am 15. Mai fanden die ersten Deportationen statt, und bis zum 8. Juli waren fast 440.000 Juden nach Auschwitz deportiert worden. Am 9. Juli, dem Tag von Raoul Wallenbergs Ankunft in Budapest, waren die dort lebenden Juden die letzten in einem Land, das in nur 54 Tagen „judenrein" geworden war.

Vor der Deportation der Juden von ungarischem Gebiet war Auschwitz nur eines von sechs Todeslagern, die die Deutschen im besetzten Polen geschaffen hatten. Nicht tödlicher als Belzec und weniger mörderisch als Treblinka, zwei der durch die „Aktion Reinhard" im Frühjahr 1942 errichteten Vernichtungslager. Doch nachdem sieben Wochen lang täglich Transporte aus den verschiedenen Regionen Ungarns in Auschwitz eingetroffen waren, übertraf es bald alle anderen Lager und wurde zum Epizentrum der Mordmaschinerie.

Was das Schicksal der ungarischen Juden so unfaßbar macht, ist die Tatsache, daß die Vernichtung 1944 stattfand, zwei Jahre nach der Errichtung der Todeslager und nach der bereits erfolgten Ermordung fast aller anderen europäischen Juden. Im Frühjahr 1944 war offensichtlich geworden, daß Deutschland den Krieg verlieren würde. Die Niederlage war nur noch eine Frage der Zeit. Die Alliierten besaßen präzise Informationen darüber, in welchem Ausmaß und wo das Töten stattfand. Die Führer der ungarischen Juden hätten wissen können, ja wissen müssen, was passierte. Es gibt Grund zu der Annahme, daß sie Kenntnis davon hatten, was in anderen Ländern Europas geschehen war und welches Schicksal sie selbst erwartete. Und doch wurden keine Warnungen ausgesprochen. Wenig wurde getan und noch weniger erreicht.

Der Mord an den ungarischen Juden war der Grund dafür, daß man von den Alliierten die Bombardierung von Auschwitz forderte, daß der Vatikan, neutrale Staaten und der König von Schweden beim ungarischen Regenten Horthy intervenierten. Diese Tatsachen vergrößern unsere Faszination an dieser intensiven Phase der Endlösung, denn zugleich ging das Morden in einem nie dagewesenen Ausmaß weiter.

Diejenigen, die die erste Selektion überlebten, waren jung und kräftig. Sie arbeiteten in Buna-Monowitz, dem Auschwitz angegliederten Zwangsarbeitslager. Mit dem Näherrücken der Russen mußten sie sich erneut auf eine schreckliche, entbehrungsreiche Reise machen: die Todesmärsche im Januar 1945. Man zwang sie, bis zur Erschöpfung Hunderte von Kilometern durch die Kälte des polnischen Winters zu marschieren.

Der Film *Die letzten Tage* versucht mit seinen Mitteln, diese Ereignisse darzustellen. Er verleiht den Überlebenden, die über ihre eigenen Erfahrungen berichten, Stimme und Gesicht und begleitet sie in ihrer Erinnerung von der heilen Welt ihrer Kindheit durch die verschiedenen Stationen des Holocaust bis hin zur Rückkehr in ihre Geburtsorte und die Lager, zweiundfünfzig Jahre nach der Befreiung. Unter der hervorragenden Regie von James Moll, produziert von June Beallor und Kenneth Lipper, ist dieser Film ein beeindruckendes Dokument der Aussagekraft von Augenzeugenberichten.

Ergänzt wird der Film durch dieses Buch, das die geschilderten Erlebnisse in den historischen Kontext stellt. Den Augenzeugenberichten ist eine Einführung des bekannten israelischen Historikers David Cesarani vorangestellt. Ein Epilog von Randolph Braham, Nestor der über den Holocaust arbeitenden Historiker Ungarns und selbst Überlebender der Lager, beschließt es. Cesaranis Aufgabe, einen gleichermaßen detaillierten wie umfassenden Abriß der Geschichte der ungarischen Juden zu schreiben, der auch dem Laien den historischen Kontext ihrer Vernichtung verständlich macht, war nicht leicht. Ergänzend dazu hat Braham, der auch im Film zu Wort kommt, einen bewegenden Epilog verfaßt, der durch historische Fakten wie persönliche Erlebnisse geprägt ist. Zusätzlich dazu hat jeder der Überlebenden Gelegenheit, seine Erlebnisse zu erzählen.

Lesen Sie die Berichte der Überlebenden, vollziehen Sie deren Konflikte nach und teilen Sie einen Moment lang ihre Ängste und Sorgen. Es sind nur fünf Berichte von mehr als 50.000, die die Foundation aufgezeichnet hat. Hören Sie zu und sehen Sie hin, um die Bedeutung dessen zu erahnen, was in dem Archiv der Foundation erhalten wird.

Und vergessen Sie nicht, dies sind die Stimmen der Überlebenden. Hinter jedem Menschen, den wir interviewt haben, stehen einhundertzwanzig Tote – ermordet im Zuge der „Endlösung der Judenfrage", wie die Nazis die Massenvernichtung in euphemistischer Verharmlosung nannten. Jene, die zurückblieben, wurden ihrer Namen, ihrer Identität beraubt, sie waren namen- und gesichtslos. Die Überlebenden sind es nicht.

Die Lebensuhr der Holocaust-Überlebenden zeigt fünf Minuten vor zwölf, doch in unseren Bemühungen, den Holocaust zu verstehen und aus der Vergangenheit für die Zukunft zu lernen, stehen wir noch am Anfang. Wir sind stolz auf diesen ergreifenden und überzeugenden Versuch, die Vergangenheit darzustellen.

Michael Berenbaum
Präsident Survivors of the Shoah Visual History Foundation

Das heutige Europa mit den historischen Grenzen Deutschlands und Ungarns

Legende
- - - - Grenzen Deutschlands heute
——— Grenzen Deutschlands 1937
——— Grenzen „Großdeutschlands" 1944
—·—· Grenzen Ungarns 1944
卍 Einige größere Konzentrationslager

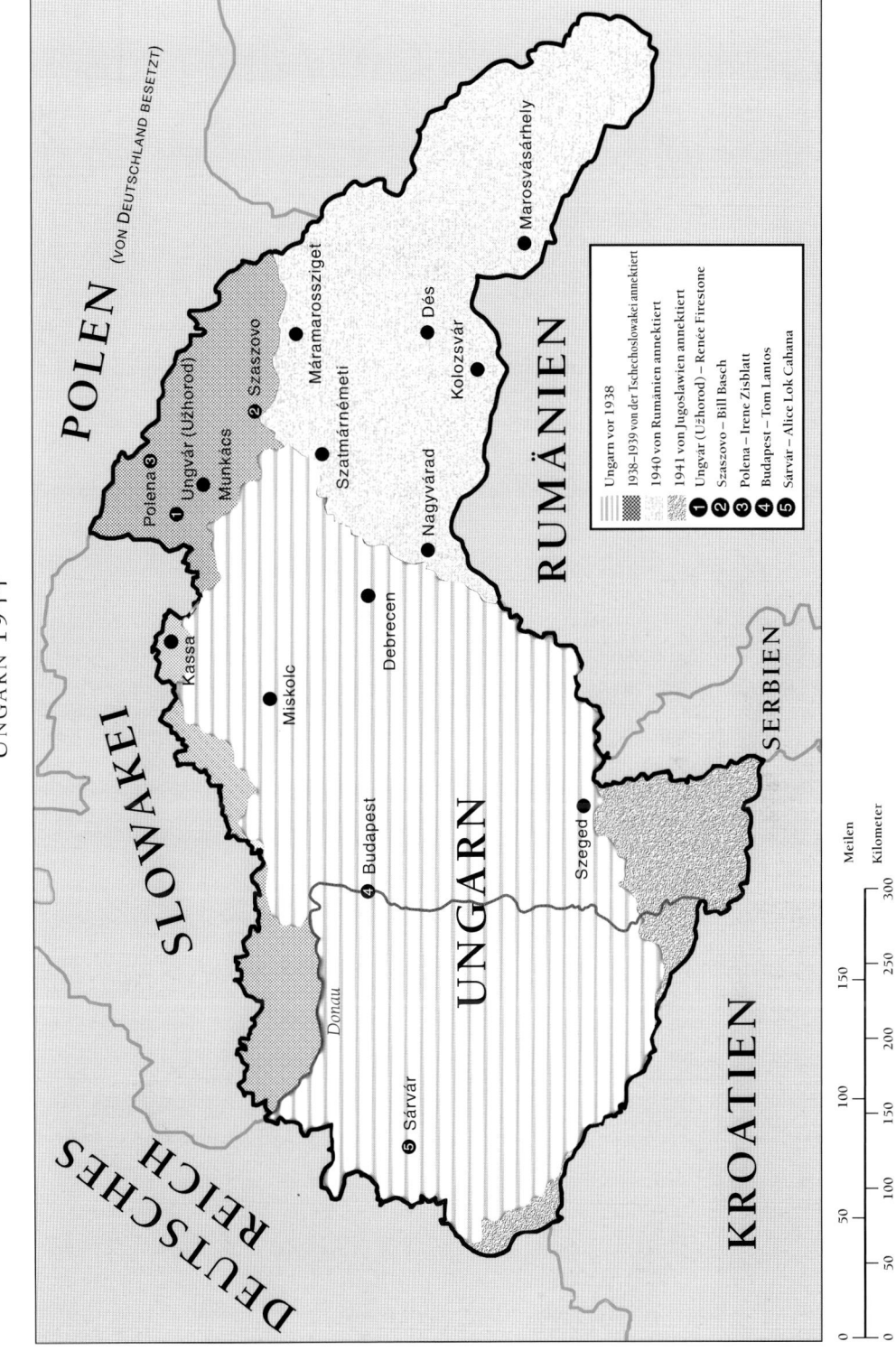

Einführung

David Cesarani

I

Schon in römischer Zeit lebten Juden in Ungarn. Was die Nazis in nur wenigen Monaten der Jahre 1944 und 1945 zerstörten, war ein einzigartiger Teil jüdischer Zivilisation, Ergebnis einer einmaligen, über Jahrhunderte hinweg gewachsenen fruchtbaren Verbindung ungarischer und jüdischer Geschichte. Wenn sich das vorliegende Buch auf die Jahre der Krise und Zerstörung des jüdischen Lebens in Ungarn konzentriert, so sollte doch nie vergessen werden, daß die hier geschilderten Einzelschicksale gleichsam Fäden eines komplexen, jahrhundertealten Gewebes sind.

Die neuzeitliche Geschichte der ungarischen Juden beginnt im ausgehenden 17. Jahrhundert mit der Vertreibung der seit 1526 in Ungarn herrschenden Türken durch die österreichischen Habsburger. Die Türken erlaubten den Juden, sich auf dem Lande und auch in den Städten niederzulassen, sofern sie bereit waren, hohe Steuern zu zahlen und wirtschaftlich nützliche Funktionen zu erfüllen. Diese Siedler, die vor allem aus den Provinzen Böhmen und Mähren stammten, waren die Pioniere des modernen ungarischen Judentums.

Die jüdische Bevölkerung Ungarns stieg im Verlaufe des 17. Jahrhunderts von anfänglich 15.000 auf etwa 80.000 an und erreichte im Jahre 1805 die Zahl von circa 130.000. Obgleich die meisten Juden Kaufleute und Händler waren, hatten sie doch auch einen wesentlichen Anteil an der Entwicklung neuer Gewerbebetriebe. Gelegentlichen antisemitischen Ausschreitungen zum Trotz wurde die Stellung der Juden durch den Einfluß der Aufklärung deutlich verbessert. Um die Perspektiven und sozio-ökonomischen Strukturen der jüdischen Bevölkerung zu verbessern, hob Joseph II. von Österreich (Alleinherrscher von 1780–1790) viele der Einschränkun-

Die ungarische Gendarmerie, die sich als das wichtigste Werkzeug der Staatsgewalt bei der Ghettoisierung und Deportation von 440.000 Juden erweisen sollte.

Frontispiz: Die deutsche Jugend grüßt Hitler.

gen auf, unter denen sie zu leiden hatten, verpflichtete sie im Gegenzug aber auch, sich von einigen jüdischen Traditionen zu trennen. Die Mehrheit der Juden ergriff die Möglichkeiten, die ihnen dieses Arrangement bot, und drängte in die freien Berufe und die Künste. Im 19. Jahrhundert spielten die Juden eine entscheidende Rolle bei der Industrialisierung Ungarns und sorgten für eine grundlegende Wandlung des Banken- und Handelswesens.

Mit wachsendem Wohlstand begannen die Juden eine Beendigung der auf ihrer Glaubenszugehörigkeit basierenden Diskriminierung zu fordern. Obwohl viele ungarische Patrioten, die für ein modernes, freies Ungarn eintraten, sie darin unterstützten, erlangten die Juden erst 1867 mit der Durchsetzung der ungarischen Teilautonomie innerhalb des Habsburger Reiches die volle Gleichberechtigung. Doch selbst jetzt noch wurde von ihnen erwartet, daß sie unter Beweis stellten, die vollen Bürgerrechte zu „verdienen". Darüber hinaus kämpften religiöse Reformer dafür, den Judaismus so zu verändern, daß er auf seiten der christlichen Mehrheit des Landes auf höhere Akzeptanz stoßen würde, ein Schachzug, der allerdings die jüdische Bevölkerung in zwei antagonistische Lager teilte. Die Spaltung der Juden in Orthodoxe und Reformjuden schwächte die ungarischen Juden in Krisenzeiten erheblich.

Konflikte ließen nicht lange auf sich warten. Das rapide Anwachsen der jüdischen Bevölkerung von 130.000 zu Beginn des 19. Jahrhunderts zunächst auf 625.000 im Jahr 1880, bis 1910 mit der Zahl 915.000 schließlich der Höhepunkt erreicht wurde (5 Prozent der Bevölkerung Ungarns war damit jüdisch), erschien einigen christlichen Nationalisten alarmierend. Der stetige Anstieg der Bevölkerungszahl und der damit einhergehende wachsende Einfluß der Juden machte sich am deutlichsten in Budapest bemerkbar. Dort wuchs die jüdische Bevölkerung von 1.734 (1825) auf 17.000 (1850), dann auf 45.000 (1870), bis schließlich 1890 die Zahl von 104.000 erreicht wurde. Damit lag der Anteil der Juden an der Budapester Gesamtbevölkerung zu diesem Zeitpunkt bei 20%. Im Jahre 1910 wurde die Zahl von 204.000 erreicht, was einem Bevölkerungsanteil von gut 23% entsprach. Damit lebten insgesamt 22% aller ungarischen Juden in der Hauptstadt.

Im Jahre 1910 waren 40% aller in Handel und Finanzwesen und den freien Berufen Beschäftigten Juden. Außerdem besaßen oder leiteten sie die wichtigsten Industriekonzerne. Nachdem ihnen der Besuch von Universitäten ermöglicht worden war, strömten sie auch in die freien Berufe und stellten bald 55% der Rechtsanwälte, 40% der Ärzteschaft und 35% der Journalisten Ungarns. In Budapest lagen diese Zahlen sogar noch höher: Dort waren im selben Jahr 52% der in der Industrie und 64% der in Handel und Finanzwesen Beschäftigten, 61% der Rechtsanwälte und 59% der Ärzte Juden.

Die Abwanderung der Juden aus den ländlichen Gebieten im Norden und Osten in die Städte rief Ängste und Vorurteile hervor. Im April 1875 empörte sich das Parlamentsmitglied Gyösö Istóczy (1842–1915), daß die Juden in Ungarn zu zahlreich und zu mächtig seien, sich trotz der garantierten Gleichheit nicht wie andere Staatsbürger verhielten und nicht bereit seien, sich zu assimilieren. Die Ankunft von immer mehr „Ostjuden" sei sowohl eine Bedrohung für die Christen wie auch für die ungarische Identität.

Die christlichen Ungarn betrachteten zufrieden das jüdische Unternehmertum, das ihrem Land zu Wohlstand verhalf. Als dann aber die Inflation die Preise für Industriewaren schneller in die Höhe trieb als die für landwirtschaftliche Erzeugnisse, mußte die Oberschicht einen realen Einkommensverlust hinnehmen. Eine Folge davon war, daß ihre Söhne immer häufiger eine Beschäftigung im Staatsdienst oder in den freien Berufen anstrebten, wo sie sich einer starken jüdischen Konkurrenz gegenübersahen. Die Klagen über die jüdische „Dominanz" der Wirtschaft wurden immer lauter, und Istóczy fand vor allem unter den Grundbesitzern zahlreiche Anhänger. Im Oktober 1883 wurde eine antisemitische Partei gegründet, deren erklärtes Ziel es war, die christlichen Geschäftsleute, Handwerker und Bauern vor den Juden zu „schützen".

Das Ende des friedlichen Miteinanders von Juden und Christen in Ungarn war gekennzeichnet durch die Wiederbelebung des Mythos, Juden vollzögen Ritualmorde an Christen. Im April 1882 verschwand ein Mädchen aus der nordöstlich von Budapest gelegenen Kleinstadt Tiszaeszlár. Der dortige katholische Priester machte die Juden für die Tat verantwortlich. Seine Verdächtigungen wurden von der katholischen Presse aufgegriffen und von Istóczy wiederholt. Man verhaftete einige Juden, und ein Staatsanwalt nahm die Ermittlungen auf. Nach einer dreimonatigen Gerichtsverhandlung befand man die Angeklagten zwar für nicht schuldig, der Schaden aber, der dem Ansehen der Juden zugefügt worden war, ließ sich nicht mehr aus der Welt schaffen. Das Urteil zeitigte antijüdische Gewaltausbrüche in ganz Ungarn, und in die Hauptstadt wurden Truppen verlegt, um Unruhen zu unterbinden.

Die 90er Jahre legten den Grundstein für einen tief verwurzelten ungarischen Antisemitismus. Die Großgrundbesitzer, in ihren Erwartungen an Modernisierung und wirtschaftlichen Wandel des Landes enttäuscht, machten die Juden für alle negativen Aspekte des Fortschritts verantwortlich. Studenten, Ärzte und Rechtsanwälte, die sich der wachsenden Konkurrenz von Juden stellen mußten, klagten, es gebe zu viele Juden in „ihrem" Land. Um die Rufe nach einer erneuten Ausgrenzung der Juden zu rechtfertigen, beschrieben ungarische Ultranationalisten sie als rassische wie religiöse Außenseiter, aus denen nie „echte Magyaren" werden könnten. Die Niederlage und territorialen Verluste im Ersten Weltkrieg (1914–1918) schließlich machten aus dem Antisemitismus, der bis dahin nur bei politischen Randgruppen eine Rolle gespielt hatte, eines der zentralen Kennzeichen der ungarischen Politik.

Anfang Oktober 1918 nahm die ungarische Regierung Verbindung zu den Vereinigten Staaten auf, um in Friedensverhandlungen mit den alliierten Mächten einzutreten. Zugleich schüttelten Tschechen, Slowaken, Kroaten und Ruthenen die von Budapest und Wien ausgehende Herrschaft ab. Eine Revolution in Budapest führte zur Ernennung einer liberaldemokratischen Regierung unter Graf Mihály Károlyi (1875–1955). Am 3. November 1918 wurde ein Waffenstillstand ausgehandelt und in Budapest die unabhängige Republik Ungarn ausgerufen. Doch radikalere Veränderungen waren nicht mehr aufzuhalten. Im März 1919 stürzte Károlyis Regierung, und Béla Kun ergriff die Macht an der Spitze eines sich am Vorbild der Sowjets orientierenden Regimes.

Kun (1886–1939), der einer jüdischen Familie aus Transsilvanien (Siebenbürgen) entstammte, engagierte sich bereits als junger Mann bei den linksstehenden Sozialdemokraten. Während seines Dienstes in der Armee geriet er im Jahre 1916 an der russischen Front in Gefangenschaft. Die bolschewistische Propaganda, mit der er im Kriegsgefangenenlager in Berührung kam, machte ihn zum überzeugten Kommunisten, so daß er sich, als er im November 1918 nach Ungarn zurückkehrte, in revolutionäre Aktivitäten stürzte. Zusammen mit den Kommunisten setzte sich Kun an die Spitze der Arbeiter- und Soldatenräte, die die tatsächliche Macht in den Händen hielten, und rief die Räterepublik aus.

Von Anfang an spielten Linksgerichtete jüdischer Herkunft in der Revolution mit ihren radikalen Veränderungen eine Rolle. Schon in Károlyis Regierung hatten Juden einige der führenden Ministerposten innegehabt, und 18 der insgesamt 29 Mitglieder in Kuns regierendem Revolutionären Rat waren Juden. Auch auf lokaler Ebene, in den örtlichen Verwaltungen, bei der Polizei oder der Revolutionsmiliz, waren auffällig viele Juden aktiv. Die Gründe für dieses zahlenmäßige Übergewicht waren vielfältig: Zum einen rekrutierten sich die Radikalen vor allem aus der Intelligenz, der gebildeten Elite, in der die Juden überrepräsentiert waren. Außerdem versprach die Revolution, Diskriminierung und Vorurteilen, unter denen die Juden litten, ein Ende zu bereiten.

Die Herrschaft der Kommunisten währte nicht lange. Die ungarischen Gegenrevolutionäre unter Führung von Admiral Miklós Horthy (1868–1957) sammelten sich in Szeged, um den Umsturz zu planen. Im April 1919 marschierte eine rumänische Armee in Ungarn ein, die den Auftrag hatte, die Revolution zu ersticken, während Horthys „Ungarische Nationalarmee" Stadt um Stadt vorrückte, um die Macht der Räte zu brechen. Ihm zur Seite stand eine Vielzahl von im Untergrund agierenden ultranationalistischen und antikommunistischen Geheimgesellschaften. Nicht nur die Mitglieder der Nationalarmee und der Geheimgesellschaften waren glühende Antisemiten; auch weite Teile der Bevölkerung sollte schon bald eine allgemeine antijüdische Stimmung erfassen.

Die führenden Amtsinhaber aller christlichen Konfessionen gaben ihren Segen der Gegenrevolution, deren erklärtes Ziel es war, die Herrschaft des atheistischen Kommunismus zu brechen. Ungarischer Nationalismus, christlicher Antijudaismus, Antikommunismus und Antisemitismus bildeten eine explosive Mischung. Wo immer die ungarische Nationalarmee und die Geheimgesellschaften tätig wurden, wurden Juden gefoltert und ermordet. Nachdem die rumänischen Truppen Budapest Anfang August besetzt und tatkräftig bei der Einsetzung einer rechtsgerichteten Regierung unter Horthy, der den Titel „Reichsverweser" annahm, geholfen hatten, setzte ein konterrevolutionärer Terror im ganzen Land ein. Über 200 Juden starben in einer Reihe von blutigen Pogromen zwischen August und November 1919.

Da viele Revolutionäre Juden waren, von denen wiederum etliche den Intellektuellen zugerechnet werden mußten, schien es für die Antisemiten auf der Hand zu liegen, daß die Universitäten der Nährboden für den „Jüdischen Bolschewismus" waren. Der neue Premierminister, Pál Teleki von Szék (1879–1941), brachte einen Gesetzesentwurf ein, der zum Ziel hatte, jeden von der Universität auszuschließen, der in der revolutionären Bewegung aktiv war, sowie die Zahl der jüdischen Studenten auf 6% der gesamten Studentenschaft zu begrenzen, was ungefähr dem jüdischen Bevölkerungsanteil in Ungarn entsprach. Von den Universitäten wurde diese Vorlage begrüßt, mit der eine Quotierung, ein *numerus clausus*, eingeführt werden sollte. An der katholischen Universität Budapests bekundete die Fakultät demonstrativ Sympathie für christliche Studenten, die jüdische Studenten überfallen hatten und darüber hinaus auch eine Limitierung der zum Studium zugelassenen Juden verlangten. Trotz jüdischer Proteste wurde das Gesetz im September 1920 verabschiedet. Die Folgen waren gravierend: Die Zahl der jüdischen Studenten an der Universität Budapest ging von 4.288 im Jahre 1918 auf

459 im Jahre 1921 zurück. Tausende junger Juden waren gezwungen, im Ausland zu studieren.

In ihrem Kampf für die Rücknahme des Gesetzes fanden die Juden Ungarns in der Sozialdemokratie wie auch in der Liberalen Partei parlamentarische Verbündete. Aber ihre Bemühungen riefen lediglich weitere Ausschreitungen gegen jüdische Studenten hervor, angeführt von Gyula Gömbös (1886–1936), der später große politische Macht erringen und sich als ein überzeugter Antisemit erweisen sollte. Eine im Dezember 1925 verabschiedete Gesetzesnovelle, der zufolge die Kinder jüdisch-ungarischer Kriegsteilnehmer von den Beschränkungen ausgenommen waren, verstärkte die Diskriminierung noch weiter. Da damit die Restriktionen für einen Teil der jüdischen Bevölkerung aufgehoben waren, ohne daß der Kontingentierungsrahmen erweitert wurde, verminderten sich die zur Verfügung stehenden Studienplätze für die restlichen, nicht von der Gesetzesnovelle betroffenen Studienanwärter.

Die territorialen Verluste, die Ungarn seit 1919 und später durch den Frieden von Trianon (4. Juni 1920) hinnehmen mußte, wirkten sich in entscheidender Weise nachteilig auf die Stellung der Juden in Ungarn aus. Als Ungarn noch ein Vielvölkerstaat war, in dem 10 Millionen Ungarn über eine zahlenmäßig etwa genauso große Bevölkerung verschiedener Nationalitäten herrschten, sah man in den Juden, die begeisterte Anhänger der „Magyarischen Sache" waren, wertvolle Verbündete. Darüber hinaus machte sie ihr wirtschaftlicher Erfolg zu geschätzten Bundesgenossen. Aber nachdem man Ungarn auf einen praktisch homogenen, rein magyarischen Rumpfstaat reduziert hatte, bildeten die Juden die einzige größere ethnische Minderheit. Ihre beherrschende Stellung in Gesellschaft und Wirtschaft war vielen ein Dorn im Auge, und ihre Bemühungen, sich zu assimilieren, zeitigten lediglich Ressentiments.

Der Antisemitismus durchdrang die ganze Gesellschaft. Zahllose Institutionen nahmen den *numerus clausus* zum Anlaß, nun ihrerseits Juden zu entlassen oder ihre Zahl zu kontingentieren. Vereine und Sportklubs, darunter auch die berühmten „Casinos", in denen sich die ungarische Oberschicht traf, schlossen ihre jüdischen Mitglieder aus.

Auch in den 20er und 30er Jahren vergiftete weiterhin der Antisemitismus das politische Klima Ungarns. Gyula Gömbös knüpfte Verbindungen zu der gerade gegründeten deutschen Nazi-Partei und organisierte 1925 einen antisemitischen Kongreß in Ungarn. Für eine kurze Weile stand er an der Spitze der „Rassenschutzpartei", die einen rassisch bestimmten Antisemitismus nach dem Vorbild der deutschen NSDAP propagierte. 1935 gründete Ferenc Szálasi (1897–1946), der später als Hitlers

Marionette Ungarn regieren sollte, die „Partei des Nationalen Willens", in deren Programm es unter anderem hieß: „Wir fordern die gnadenlose Auslöschung jüdischen Denkens, das sich überall eingenistet hat, und verlangen die wirksame Pflege eines unbeugsamen christlichen Geistes."

Zwischen 1921 und 1931 kehrte unter der Führung des zwar antisemitischen, aber pragmatischen Premierministers Graf István Bethlen (1874–1947) wieder Stabilität ein. Die ungarischen Juden erholten sich vom „Weißen Terror", einer antisemitischen Bewegung. Zu diesem Zeitpunkt gehörte die jüdische Bevölkerung überwiegend der Mittel- und Oberschicht an. Die Situation der ungarischen Juden hätte vielleicht keine allzu großen weiteren Veränderungen erfahren, wäre nicht durch Hitlers Sieg in Deutschland und den wachsenden Einfluß faschistischer Parteien in den Ländern des Donaubeckens eine weitere Radikalisierung eingetreten.

II

1931 trat Premierminister Bethlen aufgrund der Auswirkungen der weltweiten Wirtschaftskrise, die ihren Anfang 1929 mit dem Zusammenbruch der Wall-Street-Börse genommen hatte, zurück. Die Amtszeit seines Nachfolgers, Graf Károlyi, währte nur kurz. Seine Anstrengungen zur Wiederbelebung der ungarischen Wirtschaft waren auch nicht von Erfolg gekrönt. 1932 wurde Gyula Gömbös, der starke Mann der Rechten, von Horthy aufgefordert, eine Regierung zu bilden. Gömbös stand im Ruf, ein überzeugter Antisemit zu sein, war aber durchaus auch bereit, mit „guten" Juden zum Wohle des Landes zusammenzuarbeiten. Während er einerseits engere Kontakte zu Nazideutschland und dem faschistischen Italien knüpfte, sicherte er andererseits in Ungarn den Status quo für die Juden.

Dennoch zeichnete sich die politische Richtung zunehmend deutlicher ab. Kálmán Darányi (1886–1939), der 1936 Gömbös als Premierminister folgte, sah sich mit Forderungen des Militärs und ungarischer Geschäftsleute konfrontiert, vorgetragen vor allem vom Leiter der Nationalbank, Béla Imrédy, den vermeintlichen Einfluß der Juden auf das nationale Leben zu beschränken. Die Annexion Österreichs durch Deutschland im März 1938 verstärkte diesen Druck noch. Wollten die Ungarn Gebiete zurückerhalten, die sie nach dem Ersten Weltkrieg verloren hatten, konnte dies nur durch eine Partnerschaft mit dem neuen Superstaat in Mitteleuropa geschehen. Und dessen antijüdische Politik nachzuahmen – so das Kalkül –, würde sich sicher bezahlt machen.

Am 8. April 1938 brachte Darányi daher im Parlament ein Gesetz zur Vorlage, das vorsah, den Anteil der Juden in den freien Berufen, in Handel und Finanzwesen auf

20% zu limitieren. Das Gesetz stieß im Unterhaus auf heftigen Widerstand seitens der Sozialdemokraten und Liberalen, wurde aber dennoch im Mai 1938 verabschiedet. Als das Gesetz den halben Weg durch die Legislative genommen hatte, trat Darányi zurück. Seine Stelle nahm Imrédy ein, der die Verabschiedung durch das Oberhaus sicherstellte, obwohl dort so mächtige Kirchenführer wie Jusztinián Kardinal Serédi und László Ravasz über die Frage stritten, in welchen Fällen das Gesetz Anwendung finden sollte. Imrédy wollte es auch auf Juden angewendet wissen, die nach dem August 1919 (als der Weiße Terror zu einer Welle von Glaubenswechseln führte) zum Christentum übergetreten waren, während die Kirchen ihre Neubekehrten unabhängig vom Zeitpunkt ihrer Bekehrung zu schützen suchten. Nachdem Imrédy den Gegnern des Gesetzes einige unbedeutende Zugeständnisse gemacht hatte, wurde es am 29. Mai 1938 endgültig verabschiedet.

Paradoxerweise waren die Auswirkungen auf die Wirtschaft verschwindend gering, da es keinerlei wirksame Methoden gab, das Gesetz umzusetzen, und darüber hinaus die Regierung nicht willens war, die ohnehin kränkelnde Wirtschaft noch weiter zu schwächen, indem sie gegen deren erfolgreichsten Teil vorging.

Aber die Situation sollte sich weiter verschlechtern. Hitlers Erfolg bei den Münchener Verhandlungen im September 1938, in deren Verlauf er die Aufteilung der Tschechoslowakei erreichte und Ungarn territoriale Gewinne in Aussicht stellte, bestärkte Imrédy in der Überzeugung, daß die Wiederherstellung von Ungarns einstiger Größe nur durch eine enge Anbindung an das Dritte Reich möglich sei. Der Erwerb Rutheniens, ein Gebiet im äußersten Osten der Tschechoslowakei, das an die Nordostgrenze Ungarns stieß und in dem 78.000 Juden lebten, lieferte ihm den Vorwand, die antijüdischen Gesetze weiter zu verschärfen. Diese Gesetze wurden dem Unterhaus am 23. Dezember 1938 vorgelegt. Die darin enthaltene Festlegung, wer Jude war und wer nicht, orientierte sich an der Rassendefinition der Nazis. Es verbannte Juden aus allen öffentlichen Ämtern und schrieb vor, daß sie höchstens 12% der Angestellten und 6% der in den freien Berufen, im Zeitungswesen und in der Kunst Tätigen stellen durften. Außerdem beschränkte es drastisch die Anzahl der Gewerbegenehmigungen, die von lokalen Behörden an Juden vergeben wurden.

Die Gesetzesvorlage schränkte darüber hinaus auch die politischen Rechte der Juden ein. Es war ihnen verboten, die ungarische Staatsbürgerschaft zu erwerben. Das aktive und passive Wahlrecht stand ihnen nicht zu, sofern sie nicht nachweisen konnten, daß ihre Vorfahren schon vor 1867 ungarische Bürger gewesen waren.

Außerdem durften sie kein kommunales Amt bekleiden. Ein unheilvolles Vorzeichen war zudem, daß diese Gesetze der Regierung die Macht gaben, Juden zu enteignen und damit die „Emigration" zu fördern.

Wiederum sah sich die Regierung heftigen Gegenreaktionen beider Häuser des Parlaments ausgesetzt. Sogar eingefleischte Reaktionäre empfanden die Maßnahmen als zu weitgehend und sahen darin eine Gefahr für die Wirtschaft des Landes. Voller Leidenschaft traten im Oberhaus Kirchenmänner der Rassenbestimmung entgegen, und Ober- wie Unterhaus waren einige Wochen lang festgefahren. Im Februar 1939 löste Pál Teleki den bisherigen Premierminister Imrédy ab (er wurde zum Rücktritt gezwungen, als man ihm jüdische Abstammung nachwies). Doch damit trat lediglich ein noch beredterer Antisemit an die Spitze des Staates. Das Gesetz wurde schließlich mit ein paar Änderungen, um die Widerstände im Oberhaus zu beseitigen, am 4. Mai 1939 verabschiedet.

Die Führer der ungarischen Juden blieben angesichts dieses „gesetzmäßigen" Angriffs nicht passiv. Aber ihre Reaktion war nicht eindeutig genug. Als das erste antijüdische Gesetz verabschiedet wurde, waren viele der Ansicht, daß es hätte schlimmer kommen können, und verfolgten daher eine Politik der Zusammenarbeit mit dem Regime. Dieses Fehlen eines entschiedenen, selbstbewußten Auftretens untergrub jüdische Anstrengungen einer Einflußnahme auf das Parlament und die Zusammenfassung der demokratischen Kräfte des Landes. Proteste so namhafter Künstler wie Béla Bartók und Zoltán Kodály hatten keinerlei Wirkung.

Nach Erlaß des zweiten antijüdischen Gesetzes wurde den Vorstehern der jüdischen Gemeinden klar, daß sie nicht alleine Widerstand leisten konnten. Gesandte wurden zu jüdischen Gemeinden im Ausland geschickt, vor allem nach England, um eine diplomatische Intervention und finanzielle Hilfen zu erwirken. Ihre Position wurde jedoch durch die Tatsache geschwächt, daß sie demonstrativ darauf hinweisen, nichts mit den „Ostjuden" des kurz zuvor annektierten Rutheniens zu tun zu haben. Doch mittlerweile war es für ausländische Hilfe ohnehin zu spät. Die jüdischen Gemeinden der demokratischen Staaten konnten nicht einmal mehr mit der Katastrophe der deutschen und österreichischen Juden fertig werden: Die Finanzmittel waren erschöpft.

Im Mai 1939 wurde die ungarische Regierung für ihre antisemitische Politik bei den Wahlen mit einem satten Gewinn belohnt. Dennoch schlug die Strategie des Überflügelns der äußersten Rechten klar fehl. Die sich an den Nazis orientierenden Pfeilkreuzler konnten die Zahl ihrer Sitze von dreizehn auf fünfundvierzig bei einer Gesamtzahl von zweihundertundsechzig Sitzen steigern. Die Pfeilkreuzler verlangten lautstark noch schärfere Gesetze gegen Juden, und ihre Stimmen wurden durch jeden Erfolg Nazideutschlands gewichtiger.

Im Herbst 1940 verlangte Ferenc Szálasi, der Führer der Pfeilkreuzler, eine Gesetzgebung nach dem Vorbild der Nürnberger Gesetze. Er forderte, daß die Juden abgesondert und in Ghettos, wie sie von den Deutschen in Polen bereits eingerichtet worden waren, oder Arbeitslagern zusammengefaßt und deportiert werden sollten. Teleki zögerte und beging im April 1941 Selbstmord, weil er nicht hatte verhindern können, daß Ungarn in den Krieg gegen Jugoslawien gedrängt worden war. Sein Nachfolger wurde László Bárdossy, ein Parteigänger der Deutschen. Innerhalb kürzester Zeit legte der neue Premierminister ein Gesetz zum „Schutz der rassischen Reinheit des magyarischen Volkes" vor, das die Nürnberger Gesetze kopierte. Es verbot die Heirat zwischen Christen und Juden und schloß dabei als sogenannte „rassische Juden" die Kinder aus gemischten Ehen sowie – unter bestimmten Voraussetzungen – auch Konvertiten ein. Die Bestimmungen erregten den Zorn der Kirchen, allerdings nur deshalb, weil sie für sich das Recht in Anspruch nahmen, darüber zu bestimmen, wann die Eheschließung gestattet werden sollte und wer als Christ zu gelten habe; ihr Protest ist also keineswegs als ein Eintreten für die Juden zu verstehen.

Das Gesetz, das am 23. Juli 1941 verabschiedet wurde, ebnete den Weg für die totale Isolierung der Juden. Die folgende Gesetzgebung baute auf den drei antijüdischen Gesetzen aus den Jahren 1938–1941 auf, die die Ungarn selbst entworfen, formuliert, debattiert und verabschiedet hatten. Mittlerweile fochten ungarische Truppen an der Seite der Deutschen beim Feldzug gegen die Sowjetunion. Das „Unternehmen Barbarossa" markiert einen entscheidenden Schritt auf dem Weg zur „Endlösung", in die Ungarn zunehmend verwickelt werden sollte.

III

Im August 1940 wurde Ungarn schließlich für seine Speichelleckerei gegenüber Deutschland belohnt. Im Zuge einer gewaltigen Gebietsumverteilung, die von Deutschland zwischen dessen Verbündeten vorgenommen wurde, erhielt Ungarn einen großen Teil Transsilvaniens (Siebenbürgen) zurück, den es 1919 an Rumänien verloren hatte. Durch diese Neugliederung stieg der jüdische Bevölkerungsanteil Ungarns um 164.000 auf 725.000, davon rund 200.000 allein in der Hauptstadt. Viele Juden, die in Siebenbürgen lebten, begrüßten die „Wiedervereinigung" mit Ungarn; sie sollten grausam enttäuscht werden.

Etwa zur gleichen Zeit erließ die Regierung eine Verordnung, nach der jüdische Männer im wehrpflichtigen Alter Zwangsarbeit in Einheiten leisten mußten, die der

Armee als Hilfstruppen unterstellt waren. Im Dezember 1940 preßte die ungarische Armee, aus der inzwischen die jüdischen Offiziere und Unteroffiziere entfernt worden waren, alle jüdischen Soldaten in Sondereinheiten. Die Lebensbedingungen in diesen Arbeitsformationen waren hart, aber immerhin erträglich. Als der deutsche Angriff auf die UdSSR am 22. Juni 1941 begann, mußten die 50.000 Angehörigen dieser Arbeitseinheiten besonders schwere und gefährliche Aufgaben übernehmen. Vor den Massakern an Juden, die überall stattfanden, waren sie jedoch durch ihre Zugehörigkeit zur ungarischen Armee geschützt.

Zu dieser Zeit begann die zunehmende Verwicklung der ungarischen Armee und Polizei in den Massenmord. Im Juli 1941 veranlaßte die für „Fremde" zuständige Zentralbehörde die Vertreibung nichtungarischer Juden aus dem Nordosten des Landes. Polizei und Armee trieben 35.000 deutsche, österreichische, tschechische und slowakische Juden zusammen, dazu noch einige tausend, deren Staatsbürgerschaft als „verdächtig" galt. Im August wurden etwa 18.000 von ihnen in die deutsch besetzte Ukraine deportiert und in der Stadt Kamenets Podolsk abgeladen. Dort wurden am 27. und 28. August 1941 alle bis auf 2.000 von sogenannten Einsatzkommandos ermordet, jenen mobilen SS-Mordverbänden, deren Aufgabe in der Auslöschung von Juden und Kommunisten bestand.

Ungarische Polizisten und Gendarmen hatten eine aktive Rolle bei den Deportationen, über die man auf höchster Ebene unterrichtet war. Aber es ist nicht eindeutig zu belegen, daß die Regierung wußte, welches Schicksal die Deportierten erwartete. Als der Innenminister Ferenc Keresztes-Fischer Mitte 1942 davon erfuhr, war er offenbar tief erschüttert. Er unterband jegliche weitere Vertreibung und veranlaßte eine Untersuchung hinsichtlich eines Massakers, das eine Einheit der ungarischen Armee in Újvidék (Novi Sad) im besetzten Jugoslawien zwischen dem 21. und 23. Januar 1942 verübt hatte. 2.500 Serben, darunter 700 Juden, waren an den Ufern der Donau als Vergeltungsmaßnahme für „Partisanenaktionen" erschossen worden. Die Nachricht von diesem Massaker führte zu öffentlichen Unruhen, und als bewiesen war, daß das Oberkommando der Armee und der Premierminister darin verwickelt waren, sah sich Admiral Horthy ermächtigt, die Regierung zu entlassen. Ein paar Monate später wurden einige der unter Verdacht stehenden Täter sogar vor Gericht gestellt.

Die Ernennung von Miklós Kállay zum Premierminister im März 1942, die dem Aufruhr über die Greueltaten von Újvidék folgte, gab den ungarischen Juden neue Hoffnung. Kállay steuerte einen Kurs, der zwischen der Beschwichtigung Nazi-

Pfeilkreuzler in Budapest, Ungarn um 1944.

deutschlands und der Erhaltung eines eigenen Spielraums für diplomatische Aktionen zu vermitteln suchte. Die deutsche Armee war im Winter 1941/1942 vor Moskau zum Halten gebracht und gezwungen worden, sich auf der gesamten Frontlinie zurückzuziehen. Es war die erste große Niederlage, die die Nazi-Kriegsmaschinerie hinnehmen mußte und stellte unter Beweis, daß sie nicht unbesiegbar war. Kállay war sich darüber im klaren, daß es von nun an größter Besonnenheit bei der Handhabung der Beziehungen zum Dritten Reich bedurfte.

Dennoch war Kállay ein Kind seiner Zeit. Er entstammte einer Großgrundbesitzerfamilie und sah in der Verbindung zum Boden die Grundlage der nationalen Souveränität der Magyaren. Große Flächen in jüdischem Besitz bedrohten diese organische Verbindung, und so erließ er im Juni 1942 ein Gesetz zur Enteignung von Ländereien, die jüdischen Eigentümern gehörten. Zu diesem Zeitpunkt sah es so aus, als ob die deutsche Armee vor einer weiteren siegreichen Sommeroffensive gegen die Russen stünde. Daher wurde in der Präambel zu dem Gesetz eine Verbindung zwischen der Niederlage der Sowjetunion und der Beschneidung des jüdischen Einflusses in Ungarn hergestellt, die in Berlin auf Zustimmung stoßen mußte. Die Skrupel Kállays, der glaubte, den Juden für infolge der Anwendung des neuen Gesetzes ergangene Verluste Kompensation leisten zu müssen, teilten die Nazis dagegen mit Sicherheit nicht.

Einige Wochen darauf wurde vom Parlament ein von der Regierung vorgelegtes Gesetz verabschiedet, das der jüdischen Religion die Gleichbehandlung mit anderen, in Ungarn anerkannten Konfessionen entzog. Dies bedeutete weitere schwere finanzielle Verluste für die ungarischen Juden, da auf diese Weise einige seiner wichtigsten Institutionen nicht länger in den Genuß staatlicher Zuschüsse kamen. Nicht weniger katastrophal wirkte sich die damit einhergehende Abwertung der Juden und des jüdischen Glaubens aus, wies sie doch einmal mehr den Juden den Status von Parias zu.

Sollte Kállay geglaubt haben, diese antisemitischen Gesetze würden seine Naziverbündeten und die mit ihnen sympathisierenden Pfeilkreuzler davon abhalten, weitere drastische Maßnahmen gegen Juden zu verlangen, so hatte er sich getäuscht. Im September 1942 bat das Reichsaußenministerium den ungarischen Botschafter in Berlin, Döme Sztójay (1883–1946), um Weiterleitung einer Anfrage an seine Regierung hinsichtlich der Durchführung von antijüdischen Maßnahmen, die überall im von Nazis besetzten Europa und in den verbündeten Staaten bereits eingeleitet worden waren. Zu diesen Maßnahmen gehörte die Pflicht, den Davidsstern zu tragen, die Enteignung jüdischen Eigentums und die Deportation der Juden „in den Osten". All dies waren entscheidende Schritte auf dem Weg „zur Endlösung der Judenfrage", an der die Naziführung seit dem Spätsommer bzw. Herbst des Jahres 1941 arbeitete. Während ein Beleg für die genaue Formulierung oder das Datum von Hitlers Befehl zum Massenmord an allen europäischen Juden nicht greifbar ist, bezeugen die von SS-Obergruppenführer Reinhard Heydrich auf der „Wannsee-Konferenz" im Januar 1942 skizzierten Pläne, daß ein aufeinander abgestimmtes Programm zur Behandlung der Juden in ganz Europa existierte. Die ungarischen Juden gehörten zu den auf Heydrichs Liste verzeichneten jüdischen Gemeinschaften, die vernichtet werden sollten.

Mit Blick auf den dramatischen Kriegsverlauf der letzten Zeit wies Kállay diese Forderungen höflich zurück. Im Dezember 1942 mußte die deutsche Armee alle Kraft darauf verwenden, einen massiven Durchbruch an der Ostfront aufzuhalten, während eine Viertelmillion Soldaten im Kessel von Stalingrad eingeschlossen war. Die 2. ungarische Armee war während der sowjetischen Offensive nahezu vollständig vernichtet worden, und die Bündnistreue Ungarns zu Deutschland schien überstrapaziert. Die offizielle Antwort der Regierung lautete, daß die Juden bereits weitreichenden Einschränkungen unterworfen seien und für niemanden eine Bedrohung darstellten. Überdies dienten sie der ungarischen Kriegswirtschaft, was von vitaler Bedeutung für die militärische Stärke der Achsenmächte sei. Außerdem herrsche im Lande eine Stimmung, die nicht dazu angetan sei, radikalere Maßnahmen gegen die Juden einzuleiten.

Im April 1943 gelang es den deutschen

Truppen, die Lage an der Ostfront zu stabilisieren, und die Naziführung wandte sich erneut der lästigen jüdischen Präsenz in Ungarn zu. Am 17. und 18. April 1943 traf sich Hitler mit Horthy auf Schloß Klessheim in der Nähe von Salzburg, um über die gegenseitigen Beziehungen zu sprechen. Unter anderem bestand der Führer darauf, daß Horthy der „Endlösung der Judenfrage" in Ungarn seine Zustimmung erteilte.

Der Widerstand gegen die deutschen Forderungen und die Verbesserung der Lebensbedingungen in den jüdischen Arbeitsverbänden kann als Teil von Kállays Strategie gesehen werden, Ungarn allmählich aus dem Krieg zurückzuziehen. Nach der militärischen Katastrophe von Stalingrad im Februar 1943, der fehlgeschlagenen, von Hitler im Juli befohlenen Offensive im Kursker Bogen und der erfolgreichen Landung der Alliierten auf Sizilien streckten Kállay und Horthy Friedensfühler in Richtung England und USA aus. Als die italienische Führung Mussolini am 25. Juli 1943 absetzte und am 3. September einen Waffenstillstand mit den Alliierten verkündete, hofften die Ungarn, ihrem Beispiel folgen zu können. Ziel war es, sich mit den westlichen Alliierten zu verständigen, um einerseits eine deutsche Besetzung Ungarns zu verhindern und andererseits einer Eroberung durch die Rote Armee vorzubeugen, die mittlerweile auf die ungarischen Ostgrenzen zurollte.

Hitler und Himmler, der Führer der SS, waren über diese Schritte informiert. Als Horthy darum nachsuchte, die verheerend dezimierten ungarischen Truppen aus Rußland abzuziehen, um sie in Verteidigungsstellungen an der eigenen Grenze einzusetzen, begannen die Deutschen über eine Besetzung Ungarns nachzudenken, um dessen Übertritt zu verhindern, eine Scheinregierung einzusetzen und die ungarische Armee an der Front zu halten. Ein Plan wurde aufgestellt und die Truppen in Bereitschaft gebracht.

Hitler bestellte Horthy zu einem zweiten Treffen in Klessheim am 18. März 1944. Er hielt dem betagten ungarischen Reichsverweser eine eindringliche Ansprache und stellte zahlreiche Forderungen. Der wahre Zweck dieser Unterredung bestand jedoch darin, das Staatsoberhaupt außerhalb des Landes zu wissen, während deutsche Truppen in Ungarn einmarschierten und wichtige Punkte besetzten. Bei dem „Unternehmen Margarete" überrollten elf deutsche Divisionen am Morgen des 19. März 1944 Ungarn, während Horthy sich auf der Rückreise befand. Beim Erreichen der Grenze erfuhr er, daß der SS-Brigadeführer Veesenmayer als Bevollmächtigter des Reiches Ungarns tatsächlicher Herrscher war, Hitler und dem Reichsaußenministerium direkt unterstellt. Das Schicksal der ungarischen Juden war besiegelt.

IV

In Klessheim willigte Horthy ein, Deutschland 100.000 jüdische Zwangsarbeiter aus Ungarn zu überstellen, die unterirdische Fabriken zum Bau von Kampfflugzeugen errichten sollten. Den Ministerrat, der am 19. März mittags zusammentrat, während deutsche Panzer noch immer rund um die Hauptstadt in Stellung gingen, unterrichtete er von dieser Übereinkunft nicht. Statt dessen ging es in der Debatte ausschließlich darum, was das Beste für Ungarn sei. Ernst Kaltenbrunner (1903–1946), Chef des Reichssicherheitshauptamtes (dem alle Polizeieinheiten und die SS unterstanden), kam zu einer Stippvisite nach Budapest, um Horthy darüber zu informieren, daß Hitler die Bildung einer Deutschland freundlich gesonnenen Regierung erwarte.

Am 22. März ernannte Horthy Döme Sztójay, den mit Deutschland sympathisierenden Botschafter in Berlin, zum Premierminister und entschloß sich zugleich, als Reichsverweser im Amt zu bleiben, in der Hoffnung, damit das Schlimmste verhindern zu können und Panik in der ungarischen Bevölkerung zu vermeiden. Die Ironie des Schicksals will es, daß Horthy den Juden ein Signal gegeben hätte, in akuter Gefahr zu schweben, wenn er den extremen Forderungen der SS nachgegeben und eine Regierung gebildet hätte, die sich aus Pfeilkreuzlern zusammensetzte. Doch weder Sztójay noch die Mitglieder seines Kabinetts waren extreme Nationalisten. Rein oberflächlich betrachtet hatte sich also trotz der deutschen Besetzung nicht viel verändert. Es herrschte sogar eine derartige Ruhe im Land, daß die Deutschen schon Ende des Monats ihre Truppen abziehen konnten.

Sztójay, ein früherer Berufsoffizier, der in der Armee Karriere gemacht und viele Jahre als Militärattaché und Botschafter in Berlin gelebt hatte, wußte allerdings nur zu gut, was die Deutschen wollten. Und er war bereit, ihren Wünschen nachzukommen. Er berief zwei glühende Antisemiten in das Innenministerium und beauftragte sie, sich in Zusammenarbeit mit den Nazis der jüdischen Angelegenheiten anzunehmen. László Endre (1895–1946), ein hochgebildeter Mensch mit einer steilen Karriere in der Polizeiverwaltung und persönlicher Freund Eichmanns, wurde zum Staatssekretär ernannt und war für die administrativen und juristischen Belange der „Judenfrage" verantwortlich. László Baky (1899–1946), ein ehemaliger Offizier, der in der Gendarmerie Karriere gemacht hatte, wurde mit den politischen Aspekten betraut. Baky war Mitglied der Pfeilkreuzler und in der Nationalsozialistischen Partei Ungarns aktiv gewesen.

Endre und Baky übernahmen die Durchführung der „Endlösung" in Ungarn im Auftrag der Nazis. Sie säuberten die Beamtenschaft von Oppositionellen und besetzten die Führungspositionen der regionalen Präfekturen neu, um sicherzustellen, daß ihre Anweisungen im ganzen Land befolgt wurden. Die aus 20.000 Mann bestehende Gendarmerie unter Lázló Ferenczy war das entscheidende Instrument zur Umsetzung ihrer Pläne.

Die nunmehr veränderte Situation kam den Wünschen der SS entgegen. In der Vorbereitungsphase für die Besetzung Ungarns standen weniger als 1.000 Mann zur Verfügung. Fünf- bis sechshundert Gestapoleute wurden abkommandiert und dem Befehl von Otto Winkelmann (1894–1977), SS-Polizeiführer in Ungarn, unterstellt. Unterstützt wurden sie von einem Sonderkommando unter SS-Obersturmbannführer Adolf Eichmann (1906–1962), Leiter der Abteilung IV.B.4 des Reichssicherheitshauptamtes, des „Judenreferats", das sich mit „Jüdischen Angelegenheiten und Auswanderung" befaßte.

Eichmann hatte im März 1938 in Wien ein zentrales Auswanderungsbüro eingerichtet und seitdem die Technik der „jüdischen Emigration" vervollkommnet. Bis 1939 bedeutete dies vor allem, daß die Kontrolle über die jüdische Bevölkerung in den eroberten Gebieten sichergestellt wurde, indem man sowohl die dort lebenden Juden wie auch ihren Besitz registrierte, eine panikartige Flucht auslöste oder sie ganz einfach vertrieb. Von 1940 an befaßte sich Eichmanns Referat zunächst mit der Zwangsumsiedlung der polnischen Juden; später übernahm er dann diese Aufgabe für alle besetzten europäischen Gebiete. Ab Mitte 1941 war „Umsiedlung" dann gleichbedeutend mit Massenmord.

Von Anfang an sorgte Eichmanns Sonderkommando dafür, daß ihm die alleinige Entscheidungsgewalt für die „jüdische Frage" in Ungarn zustand. Der jüdischen Bevölkerung wurde unmißverständlich klargemacht, daß ihr Schicksal in seiner Hand lag. Einer der ersten Schritte des Sonderkommandos bestand darin, am 19. März ein Treffen mit führenden Mitgliedern der jüdischen Gemeinden Budapests einzuberufen, um einen „Judenrat" zu ernennen. Die Bildung dieser Räte war ein strategisch äußerst wichtiges Element für die Durchführung der Massenvernichtung und von den Nazis seit 1939 in den besetzten Ländern erprobt. Damit verhinderten sie nicht nur Panik und Aufruhr unter ihren potentiellen Opfern, sondern versicherten sich im Gegenteil sogar noch ihrer Kooperation.

Der „Judenrat" bestand aus angesehenen Persönlichkeiten der jüdischen Gemeinde, derer man sich bediente, um die Befehle der SS an die jüdische Bevölkerung weiterzugeben. Diese Maßnahme verschaffte den Nazibefehlen einen trügerischen Hauch von Legitimität und band die unglücklich daran beteiligten Juden in Entscheidungen über Leben und Tod ein.

Am 21. März 1944 wurde Samuel Stern

(1874–1946), Führer der reformjüdischen Gemeinde von Pest, in Budapest zum Vorsitzenden des Zentralrats der ungarischen Juden ernannt. Ihm zur Seite standen Repräsentanten aller weltanschaulichen wie religiösen Ausprägungen jüdischen Lebens. Reformjuden, Orthodoxe und Zionisten arbeiteten mit Stern zusammen und demonstrierten damit eine konstruktive Haltung, die außerhalb der Hauptstadt allerdings kaum Nachahmung fand. Die Spaltung der jüdischen Bevölkerung Ungarns behinderte auch im weiteren Verlauf den Informationsfluß und beeinträchtigte eine effiziente Arbeit ihrer zentralen Körperschaften. Wieviel die ungarischen Juden und ihre Führer in Budapest vom Massenmord an Juden außerhalb Ungarns wußten, ist noch heute heftig umstritten. Flüchtlinge aus Polen und der Slowakei berichteten von den Deportationen aus den Ghettos, während aus Auschwitz-Birkenau Geflohene in detaillierten Berichten über die Vorbereitungen informierten, die dort für die Ankunft der ungarischen Juden getroffen wurden. Dennoch wollten die meisten Juden begreiflicherweise nicht wahrhaben, daß das Gehörte auch sie betreffen könnte, und trösteten sich mit dem Wissen, daß ihnen dieses Schicksal ja bisher auch erspart geblieben war. Die jüdischen Entscheidungsträger setzten ihr Vertrauen weiterhin in die ungarische Führung und waren der festen Überzeugung, daß die ungarischen Juden verschont bleiben würden, selbst wenn die Berichte der Wahrheit entsprechen sollten.

Zehn Tage später wurde Stern in das Hotel Majestic zitiert, um die ersten Anordnungen Eichmanns entgegenzunehmen. Der Rat hatte dafür zu sorgen, daß die Juden den gelben Davidsstern trugen, vollständige Listen mit ihren Besitztümern und Wertsachen anfertigten, Häuser und Gebäude in jüdischem Besitz auswählten, in denen sie „konzentriert" werden konnten. Außerdem hatte der Rat zum Christentum konvertierte Juden unter seinen Schutz zu stellen.

Alle jüdischen Verlagshäuser waren in der Zwischenzeit geschlossen worden. Das Journal der ungarischen Juden, die Zeitschrift des Rates, war nun die einzige Informationsquelle für die jüdische Bevölkerung. Darin wurde den Juden geraten, Ruhe zu bewahren, weiter zu arbeiten und den Anweisungen des Judenrates Folge zu leisten. Solange Horthy noch an der Macht war, schien dies nur vernünftig. Vier Jahre lang hatten er und seine Minister die ungarischen Juden geschützt. Niemand wußte von dem Abkommen, auf das er sich mit Hitler in Klessheim geeinigt hatte, noch von den schweren Erschütterungen, denen seine eigene Machtposition ausgesetzt war. Winkelmanns Schergen hatten Hunderte von ungarischen Nazigegnern verhaftet. Es gab vorübergehend keine Möglichkeiten, sich

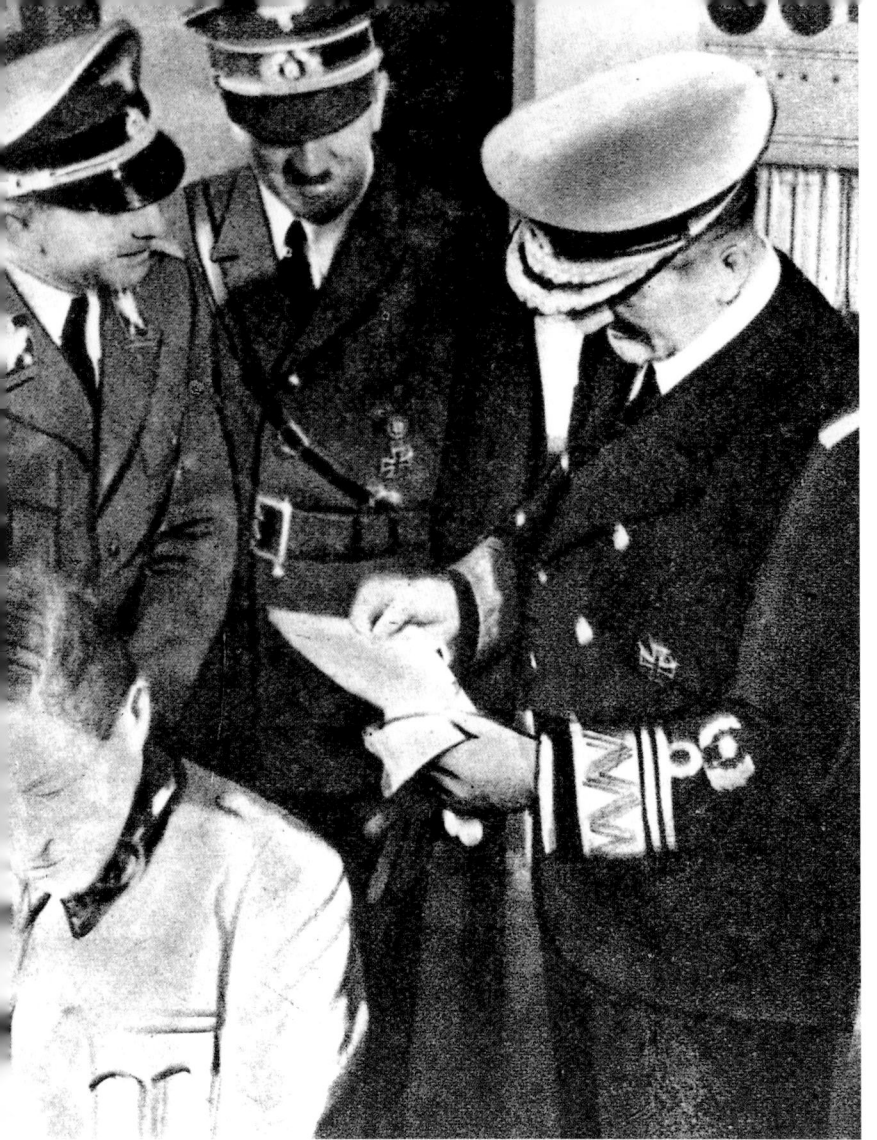

Der ungarische Reichsverweser Miklós Horthy im Gespräch mit Hitler.

den Befehlen der Nazis in irgendeiner Weise zu widersetzen. Die Juden mußten feststellen, daß sie, wenn es darauf ankam, kaum Freunde hatten, vor allem nur sehr wenige, die eine Position bekleideten, die eine effiziente Hilfe möglich machte. Im Laufe der nächsten vier Wochen prasselte eine Unzahl antijüdischer Gesetze auf sie nieder, die schließlich in den Anordnungen zur Ghettoisierung ihren Höhepunkt fanden.

Zwischen dem 29. März und dem 28. April 1944 wurden die Juden zum Tragen des Davidssterns gezwungen, die Benutzung eigener Fahrzeuge wie öffentlicher Verkehrsmittel wurde ihnen untersagt, man verbot ihnen den Gebrauch von Telefonen und Radiogeräten und belegte sie mit einem Berufsverbot in allen Bereichen des öffentlichen Lebens wie Journalismus, Kino und Theater. Am 20. März wies die Naziführung Banken und andere Finanzinstitute an, alle jüdischen Konten zu sperren; vier Wochen später wurden die Juden aufgefordert, detaillierte Angaben über ihr Eigentum und in ihrem Besitz befindliche Wertsachen zu machen. Die Regionalpräfekten erhielten Anweisung, mit Hilfe der jüdischen Gemeinden eine Zählung der jüdischen Bevölkerung vorzunehmen und vollständige Adressenlisten anzulegen. Das Dekret war verbunden mit einer stärkeren Durchsetzung der Lebensmittelrationierung, was gleichermaßen Besorgnis wie Hoffnung auslöste.

Dann, am 16. April 1944, dem ersten Tag des jüdischen Passahfestes, wurden in Ruthenien Juden im Morgengrauen geweckt und angewiesen, sich mit einem Minimum an Gepäck zu sammeln, um „umgesiedelt" zu werden. Man erklärte ihnen, sie seien Bewohner einer „Militärzone" und müßten aus Sicherheitsgründen evakuiert werden. Nach der Verkündung des dafür notwendigen Beschlusses am 28. April wurde die Ghettoisierung „legal" im ganzen Land durchgeführt. Alle Juden waren nun verpflichtet, in jüdische Gemeinden mit mehr als 10.000 Mitgliedern zu ziehen; innerhalb dieser Zentren mußten sie auf engstem Raum in abgegrenzten Bezirken leben.

Der Plan für die Plünderung, Konzentrierung und Deportation war von Baky, Endre und dem SS-Sonderkommando sorgfältig vorbereitet worden. Am 4. April trafen sie sich mit wichtigen Offizieren der ungarischen Armee und Ferenczy, dessen Gendarmen den Großteil der Arbeit übernehmen sollten. Einige Tage später ergingen geheime Anweisungen zur Durchführung der Konzentration, Ghettoisierung und Deportation an die Präfekten und Bürgermeister. Ungarn wurde in sechs Zonen aufgeteilt, die einem, manchmal auch zwei Gendarmeriedistrikten entsprachen.

Eichmann entschied, daß das Zusammentreiben und die Deportationen im Osten des Landes beginnen und dann nach Westen fortschreiten sollten, bevor sie die Hauptstadt erreichten. Die Verhaftungen verliefen fast immer nach dem gleichen Muster: Zu einem vorher vereinbarten Zeitpunkt, zumeist im Morgengrauen, trafen sich Bürgermeister, Polizeichef, Gendarmen, Beamte und häufig auch Lehrer im Rathaus oder der Polizeistation, um von dort aus loszuziehen, um die Juden aus ihren Häusern zu holen und ihnen zu befehlen, sich in der Synagoge zu versammeln. Jeder einzelne durfte nicht mehr als fünfzig Kilo Gepäck mitnehmen. Von dort aus wurden sie in ein Sammellager geführt, bevor man sie entweder zu Fuß oder mit dem Zug in ein Ghetto oder Gefangenenlager in die nächstgelegene größere Stadt mit einer Eisenbahnverbindung nach Polen brachte. Und immer wieder kontrollierten und plünderten habgierige Polizisten und Beamte ihre Habseligkeiten.

In Zone I, zu der auch Munkács, ein bedeutendes Zentrum chassidischen Lebens, und Užhorod, die Heimatstadt von Renée Firestone, gehörten, wurden zwischen dem 16. und 28. April 194.000 Juden zusammengetrieben. Vom 19. bis 24. Mai wurden mehr als 110.000 Juden mit der Eisenbahn aus Munkács und anderen Lagern via Kassa, Presov, Tarnow und Krakau nach Auschwitz transportiert.

Das Zusammentreiben der jüdischen Bevölkerung in Zone II fand zwischen dem 3. und 10. Mai statt. Hier waren am Ende mehr als 98.000 Juden hinter Stacheldraht eingepfercht, darunter auch die jüdischen Einwohner von Kolozsvár (Cluj), einer Stadt mit einer großen und bedeutenden jüdischen Gemeinde. Im zentralen Sammellager der Stadt, einer Ziegelei, wurden 18.000 Juden zusammengetrieben, denen fünfzehn Wasserhähne zur Verfügung standen. Die Deportation begann am 15. Mai, der letzte Transport verließ die Stadt am 8. Juni. Insgesamt wurden auf diese Weise 290.000 Menschen deportiert.

Die Juden aus Zone III, zu der die traditionsreichen jüdischen Gemeinden von

Györ und Miskolc gehörten, wurden zwischen dem 5. und 10. Juni „konzentriert", die Deportationen fanden vom 11. bis 16. Juni statt. Die insgesamt 53.000 Juden wurden in 23 Zügen fortgeschafft, wobei sich furchtbare Szenen abspielten, die den Protest des Bischofs Apor von Györ hervorriefen. Seine Bitten, die er dem Innenminister vortrug, wurden vom Tisch gewischt, während man ihm gleichzeitig bedeutete, daß er mit seiner Einmischung eine eigene Inhaftierung riskiere. Zwischen dem 16. und 26. Juni wurden mehr als 40.000 Juden aus Zone IV in Gefangenschaft gebracht. Auch die Behandlung der Juden von Szeged provozierte den mutigen, aber einsamen Widerspruch des dortigen Bischofs, doch dessen ungeachtet wurden sie zwischen dem 25. und 28. Juni deportiert. Damit erhöhte sich die Zahl der aus Ungarn deportierten Juden auf 380.660 Juden, die in 129 Zügen fortgebracht wurden.

Zu Zone V gehörte Sárvár, die Heimatstadt von Alice Lok Cahana, ebenso wie die Orte Sopron und Szombathely mit ihren seit Jahrhunderten bestehenden jüdischen Gemeinden. Das Zusammentreiben der Juden fand zwischen dem 30. Juni und dem 3. Juli statt, nur drei Tage später waren auch die Deportationen abgeschlossen. Mehr als 29.000 Juden, darunter auch die Familie von Alice, wurden nach Auschwitz geschafft. Damit erhöhte sich die Zahl der Deportierten auf 410.223. Zum gleichen Zeitpunkt schloß die Flutwelle der Vernichtung auch Zone VI ein, Budapest und Umgebung. Ebenfalls zwischen dem 30. Juni und 3. Juli wurden die Juden in den um die Hauptstadt liegenden Ortschaften zusammengetrieben. Vom 6. bis 8. Juli wurden mehr als 24.000 Juden aus den nur wenige Zugstunden von Budapest entfernt liegenden Ortschaften in Richtung Norden gebracht. Mit ihrem gewaltsamen Abtransport erhöhte sich die Zahl der Deportierten auf 434.351. In der Hauptstadt selbst lebten zu diesem Zeitpunkt annähernd 200.000 Juden, unter ihnen auch Bill Basch und Tom Lantos.

In Auschwitz hatte man spezielle Vorkehrungen für die Ankunft getroffen. Im April und Mai wurde ein Nebengleis angelegt, das von der etwa sechs Kilometer von Auschwitz entfernt liegenden Rampe bis direkt ins Lager führte, wo Häftlinge seit vier Jahren gefangengehalten wurden. Das SS-Wachpersonal wurde verstärkt, und – das wohl bedrohlichste Vorzeichen – die Zahl der Mitglieder der Sonderkommandos, die an den vier Gaskammern und Krematorien arbeiten mußten, wurde von 224 auf mehr als 865 erhöht. Für diese grausame Arbeit wurden oft griechische Juden, wie Dario Gabbai, ausgewählt, die vor ihrer Ankunft in Birkenau stark und gesund gewesen waren.

Zu diesem Zeitpunkt gab es in Auschwitz bereits zwei eigens zur Vergasung gebaute Kammern, die Nummern IV und V, sowie zwei zu Gaskammern umfunktionierte unterirdische Leichenhallen, Nummern II und III. Jeder Gaskammer waren mehrere Öfen zugeordnet, in denen die Leichen der Opfer verbrannt wurden. SS-Mechaniker und zivile Ingenieure überprüften die Öfen und verstärkten die Schornsteine, damit sie großer und lang anhaltender Hitze standhalten konnten. Da man voraussah, daß die Kapazitäten der Öfen zum Verbrennen der Leichen nicht ausreichen würden, ließ man neun Gruben ausheben, um Leichen auch im Freien auf großen Scheiterhaufen verbrennen zu können. Außerdem wurden zwei Hütten zu provisorischen Gaskammern umgebaut, um mit dem Zustrom fertig zu werden. Niemals, weder vorher noch nachher, war ein so massives Morden in solch einem Ausmaß so kaltblütig geplant worden.

Der Prozeß der physischen Vernichtung begann in den Ziegeleien und Ghettos in Ungarn. Häufig zu langen Fußmärschen gezwungen, willkürlichen Schlägen ausgesetzt, halb verhungert und verdurstet, waren die Juden bereits geschwächt, bevor sie in die Züge gepfercht und deportiert wurden. In die Vieh- oder Güterwaggons, in die eigentlich nur ca. 45 bis 50 Menschen paßten, wurden neunzig, hundert oder mehr Gefangene gezwängt. Man gab ihnen einen Eimer, in den sie ihre Notdurft verrichten konnten, und eine Blechdose mit Wasser. Doch die Reise konnte bis zu vier Tage dauern, so daß die Zustände bald erbärmlich waren. Viele Menschen starben in den Zügen. Jene, die lebend ihr Ziel erreichten, waren extrem geschwächt und hatten nur einen Gedanken im Kopf, wenn sie aus den Waggons stolperten: Wasser. Das Angebot, duschen zu können, saubere Kleider und etwas zu trinken zu bekommen, reichte aus, um die Menschenmenge, die auf die Rampe geführt wurde, gefügig zu machen.

Nur wenige, wie der Vater von Irene Zisblatt, wußten genug über die Lage, in der sie sich befanden, um zu begreifen, daß Arbeitsfähigkeit die einzige Hoffnung auf Überleben darstellte. Irene Zisblatt gab ein falsches Alter an und wurde so wie ihr Vater für ein Arbeitskommando „selektiert". Die Selektion wurde von SS-Ärzten vorgenommen, vor allem dem SS-Untersturmführer Josef Mengele (1911–1977?). Er und seine Kollegen nutzten die Tatsache, daß hier riesige Menschenströme an ihnen vorübergetrieben wurden, um Zwillinge und andere für ihre „medizinischen" Experimente interessante Fälle auszusondern. Irene Zisblatt hatte das Glück, nicht einem der Experimente unterzogen zu werden, die den sicheren Tod bedeuteten. Alle diese Experimente verletzten die Grundsätze medizinischer Ethik und hatten mit ernsthafter biologischer Forschung nichts zu tun.

Die Transporte aus Ungarn brachten durchschnittlich je 2.000 bis 2.500 Juden ins Lager. Davon wurden jeweils etwa 10 Prozent ausgewählt, um Zwangsarbeit zu leisten. Die große Mehrheit jedoch, alle Alten, Kinder, Mütter mit Babys oder Kleinkindern auf dem Arm sowie die Kranken, wurden direkt in die Gaskammern geführt. Manchmal mußten sie in einem nahe gelegenen Wäldchen warten, bevor sie „weitergeleitet" werden konnten. Dann trieb man sie in einen Raum, der wie eine ganz normale Umkleidekabine aussah. Oft drängte man sie, Postkarten an Verwandte zu schicken, auf denen sie versichern mußten, sie seien sicher in „Waldsee" angekommen. Nachdem sie sich ausgezogen hatten, stieß man die Menschen in die Duschen. Doch aus den Duschköpfen kam kein Wasser. Statt dessen wurde durch spezielle Öffnungen Zyklon-B, ein für Menschen tödliches Pestizid aus Wasserstoffzyanid, in den Raum eingeleitet. Innerhalb von fünfzehn Minuten waren alle in dem hermetisch abgeriegelten Raum tot. Dann lüftete das Sonderkommando die Gaskammer und holte die Leichen heraus. Zähne mit Goldfüllungen wurden aus dem Kiefer gebrochen und die Leichen nach versteckten Wertsachen durchsucht. Schließlich wurden die Leichen zum Krematorium gebracht und verbrannt. Die Abfertigung eines Transports dauerte mehrere Stunden.

Diejenigen, die man zur Zwangsarbeit bestimmt hatte, wurden in die „zentrale Sauna" gebracht, ein Backsteingebäude, das sich etwa auf halbem Wege zwischen den beiden großen Gaskammern befand. Hier wurden die unter Schock stehenden, verwirrten Menschen in eine große Halle gepfercht, wo sie sich ausziehen mußten, bevor man ihnen die Körperhaare abrasierte, sie unter die Dusche schickte und ihnen Kleidungsstücke gab, die man anderen Gefangenen weggenommen hatte. Der Andrang von neu Eingetroffenen war so groß, daß keine Zeit für die Tätowierung blieb, mit der die Gefangenen von Auschwitz, die für die Zwangsarbeit selektiert worden waren, normalerweise gekennzeichnet wurden. Diese „Glücklichen" wurden dann in den achtzehn Baracken des „Quarantänelagers" untergebracht. Hierbei handelte es sich um einfache, aus vorgefertigten Teilen zusammengebaute Holzschuppen, die ursprünglich als Stallungen für Kavalleriepferde gedacht waren. Unter normalen Bedingungen hätten sie etwa 500–600 Menschen Platz bieten können, durch den Einbau primitiver Holzpritschen, auf denen die Menschen eng aneinandergedrängt lagen, brachte man aber mehr als die doppelte Anzahl in ihnen unter. Hier mußten die Juden Wochen oder Monate ausharren, bis man sie Arbeitseinsätzen in der näheren Umgebung oder weiter entfernten Lagern zuteilte. Auschwitz-Birkenau war zu einem Reservoir für Zwangsarbeiter geworden, aus dem sich sowohl das deutsche Heer wie auch die Industrie bedienten, um den schier unersättlichen Bedarf an ungelernten Arbeitern zu befriedigen.

V

Die jüdische Führung in Budapest verfolgte die fortschreitenden Deportationen mit Schrecken und wachsender Verzweiflung. Am 26. Mai 1944 telegrafierte der jüdische Rat eine Protestnote an den Innenminister Andor Jaross (1896–1946), in der die furchtbare Lage der im Norden Siebenbürgens internierten Juden im Detail geschildert wurde. Der Rat bat um die Erlaubnis, Hilfsgüter in die Lager und Ghettos schicken zu dürfen. Eine Woche später schickte er einen Brief ähnlichen Inhalts an Eichmann. Unnötig zu sagen, daß beide Schreiben ignoriert wurden. Am 7. Juni übergab der Rat Premierminister Sztójay ein Memorandum, das weitere Informationen über das furchtbare Schicksal ihrer Brüder enthielt. Da die Ratsmitglieder noch immer davon überzeugt waren, daß das Schicksal der Juden rationalen Entscheidungen unterworfen war, schlugen sie vor, es sei von größerem Nutzen für Ungarn, die Juden im Land zu behalten, selbst wenn man sie in Lager einsperren müsse.

Die Proteste erschienen schwach angesichts des Ausmaßes der Katastrophe. Mitte Juni wurde von den Angehörigen des Arbeitsdienstes die Kritik laut, daß die Ratsführer nicht ihrem Amt gemäß handelten. Doch was hätten sie tun sollen? Am 17. Juni erging ein Erlaß, demzufolge alle Budapester Juden in mit dem Davidsstern gekennzeichnete Häuser umzuziehen hätten. Die erste Phase der „Konzentrierung" war damit eingeleitet, die der Deportation der Juden aus der Hauptstadt vorangehen sollte. Diese Maßnahme löste eine Welle des Terrors aus, doch der Rat hatte nur eine Woche Zeit, um für den Umzug von Tausenden von Menschen sowie die Einrichtung von Unterkünften, Schulen und Suppenküchen zu sorgen. Die Bewältigung dieser Aufgabe allein war schwierig genug, auch ohne daß man sich mit der Katastrophe belastete, die sich Hunderte von Kilometern entfernt abspielte. Nur dem Führer der orthodoxen Juden, Fülöp Freudiger, schien das Schicksal der „Ostjuden" nicht gleichgültig zu sein; er zog Schriftgelehrte und Rabbiner aus etlichen dem Untergang geweihten Gemeinden ab.

Für den Rat gab es praktisch keinen Handlungsspielraum. Die Bemühungen der Ratsmitglieder, Horthy um Vermittlung zu bitten, schlugen fehl, da ihre alten Kontaktpersonen im liberal gesinnten Adel entweder verhaftet worden waren oder sich im Hintergrund hielten. Selbst reiche, in den Adelsstand erhobene Juden wie die Familien von Ferenc Chorin und Baron Jenő

Frühjahr 1944: Eine Gruppe ungarischer Juden wird unter Bewachung zum Sammelpunkt für Deportationen geführt; die Nachbarn schauen zu.

Weiss, Eigentümer der unter dem Firmennamen Manfréd Weiss zusammengeschlossenen Industriebetriebe, mußten um ihr Leben feilschen und konnten froh sein, daß ihnen die Flucht aus Ungarn gelang, auch wenn sie nur einen Bruchteil ihres Reichtums mit sich nehmen konnten.

Doch auch wenn es dem Rat gelungen wäre, bis zu Horthy vorzudringen – es hätte nichts genützt. Horthy wußte, was vor sich ging, und ließ es geschehen. Andere Zentren des Widerstandes gab es nicht. Kaum einer der ungarischen Nichtjuden erhob seine Stimme gegen die Ghettoisierung und die Deportationen. Die jüdischen Führer in Budapest hatten nur eine Erleichterung der Bedingungen für die Gemeinden in der Provinz im Auge, kamen aber gar nicht erst auf die Idee, den Widerstand zu unterstützen. Sie fühlten sich als ungarische Staatsbürger und glaubten sich sicher, so lange sie sich wie rechtschaffene Mitglieder dieser Nation verhielten. Jeder Jude mußte selbst für seine Rechte eintreten: Zu kollektivem zivilem Ungehorsam aufzurufen widersprach dem traditionellen Ethos der ungarischen Juden.

Diese Haltung war nicht so einfältig, wie sie rückblickend erscheinen mag. Die Regierungen Ungarns hatten sie bis dahin vor antisemitischen Ausschreitungen und Deportationen geschützt. Das Wissen um die Grausamkeiten, denen die Juden der Slowakei, Polens und Rußlands in den Jahren 1941 bis 1943 ausgesetzt waren, wirkte daher nicht als Warnsignal, sondern hatte eher den gegenteiligen Effekt: Die Tatsache, daß die ungarischen Juden von der Katastrophe der europäischen Juden verschont blieben, stärkte ihre Überzeugung, daß sich Ungarn von diesen Ländern unterschiede und sie hier in Sicherheit wären. Als deutlich wurde, daß sich das Kriegsglück gegen Deutschland richtete, schien noch weniger Grund zur Sorge zu bestehen.

Selbst die kleine Gruppe der Zionisten, die sich als Aktivisten verstanden und die Juden als nationale Minderheit betrachteten, verhielt sich in der Praxis kaum anders. Im Januar 1943 wurde in Budapest ein Hilfs- und Rettungskomitee gegründet, das polnischen und slowakischen Juden half, den Todeslagern zu entkommen, indem man sie illegal über die Grenze nach Ungarn schleuste. Die Flüchtlinge brachten zwar Nachrichten über den im Norden stattfindenden Völkermord mit, doch die Ungarn glaubten, davon nicht betroffen zu sein. Im Gegenteil, schließlich waren sie in der glücklichen Lage, etwa 15.000 bis 20.000 Flüchtlingen zu helfen und ihnen in Ungarn Schutz zu gewähren.

Die führenden Persönlichkeiten im Hilfs- und Rettungskomitee waren Ottó Komoly (1892–1944), Vorsitzender der Zionistischen Vereinigung Ungarns, Dr. Rezsö Kasztner (1906–1957), ein ehemaliger Journalist, und Joel Brand (1907–1964), ein Geschäftsmann. Im Dezember 1943 begannen sie, radikalere Maßnahmen in Erwägung zu ziehen. Auf Drängen von Mitgliedern der im Untergrund agierenden zionistischen Jugendbewegungen, die von Polen aus Ungarn erreicht hatten, sowie zionistischer Repräsentanten in der Türkei, die die Katastrophe für das Judentum überblicken, leiten sie Schritte zum physischen Widerstand ein. Aufgrund der wiederholten Rekrutierungen von Juden zum Arbeitsdienst gab es allerdings nur noch wenige kräftige, junge jüdische Männer in Ungarn. Dessen ungeachtet begannen jüdische Jugendliche im neuen Jahr mit der Einrichtung von „Bunkern", Verstecken in Kellern und unterirdischen Gewölben. Außerdem versuchten sie, sich Waffen zu beschaffen. Doch stellte sich dies als derart schwierig heraus, daß viele der Kampfeswilligen sich zu den Partisanen in Jugoslawien durchzuschlagen versuchten; nur wenige überlebten dieses Wagnis. Die noch im Anfangsstadium stehenden Vorbereitungen wurden vom Einmarsch der Deutschen und den sich daran anschließenden Ereignissen zunichte gemacht.

Nach dem 19. März 1944 verfolgten die Zionisten drei Strategien. Zum einen schickte man Jugendliche in die Provinz, wo sie die Juden vor der bevorstehenden Gefahr warnen sollten. Im Grenzgebiet zu Rumänien wurden Gruppen zusammengestellt, um sie über die Grenze in Sicherheit zu schaffen, sogenannte *tiyul*. Unglücklicherweise weigerten sich viele der orthodoxen, antizionistisch eingestellten Gemeinden, den Warnungen dieser nicht religiösen jungen Männer aus der Hauptstadt, die kaum Referenzen aufweisen konnten, zu folgen. Dennoch gelang es den Zionisten, etwa 2.000 Juden nach Rumänien zu schleusen, während 5.000 bis 6.000 diese Flucht auf eigene Faust gelang.

Währenddessen verstärkten die Zionisten in Budapest ihre Bemühungen, Verstecke einzurichten und gefälschte Papiere bereitzustellen, mittels derer man in den Untergrund gehen konnte. Und schließlich begannen Komoly und Kasztner Verhandlungen mit den ungarischen und deutschen Machthabern. Letzteres sollte sich als der zugleich vielversprechendste und letztlich umstrittenste Rettungsversuch erweisen.

Kurz zuvor hatten Kasztner und Komoly Kontakt mit dem in Bratislawa angesiedelten Judenrat der Slowakei aufgenommen, der bereits Erfahrungen in solchen Verhandlungen gesammelt hatte. 1942 hatten sie im Glauben, weiteren Deportationen damit ein Ende zu setzen, eine hohe Geldsumme an Wisliceny gezahlt. Doch wie sich herausstellen sollte, hatten sie sich geirrt. Im darauffolgenden Jahr verhandelten sie erneut mit Wisliceny, in der Hoffnung, sie könnten die SS durch Bestechung dazu bewegen, das Programm der Massenvernichtung zu beenden. Die ungarischen Zionisten wußten von diesen Vorgängen. Als Wisliceny in Budapest eintraf, glaubten sie daher, mit einer ausreichend hohen Summe Geld Sicherheit für ihre Leute kaufen zu können. Wisliceny, ein über die Maßen korrupter und abgrundtief zynischer Mann, ließ sich nur zu gerne auf Verhandlungen mit ihnen ein.

Kasztner und Komoly ließen den in Bratislawa vorgetragenen Vorschlag wieder aufleben, Wisliceny solle für die Summe von 2 Millionen Dollar dafür sorgen, daß die Deportationen ein Ende fänden. Er zeigte sich aufgeschlossen und schlug vor, die Zionisten sollten als angemessenes Zeichen guten Willens eine Anzahlung von 200.000 Dollar in ungarischer Währung leisten. In Wahrheit verfügte Wisliceny nicht im mindesten über die Macht, Versprechungen machen zu können. Während Kasztner und Kolomy mit Einwilligung Samuel Sterns versuchten, die geforderte Summe zusammenzukratzen, verließ Wisliceny die Stadt, um seiner Order gemäß die Ghettoisierung und den Transport der Juden im Osten des Landes zu überwachen. Als seine jüdischen Kontaktmänner ihm gegenüber äußerten, daß sie sich verraten fühlten, bot er ihnen kaltblütig an, sechshundert Juden ihrer Wahl zu retten. Hinter dieser Geste steckte eiskalte Berechnung: Die jüdischen Unterhändler sollten in ihrem Glauben bestärkt werden, daß sich durch Geldzahlungen tatsächlich Leben retten ließen, um weiterhin ihr Heil in Verhandlungen zu suchen, anstatt sich im Widerstand zu engagieren und der SS ernsthafte Unannehmlichkeiten zu bereiten.

Bald darauf schaltete sich Eichmann selbst in die Verhandlungen ein. Am 25. April 1944 erhöhte Kasztner den Einsatz und machte ein neues Angebot: Im Tausch gegen die Beendigung der Deportationen durch die SS versprachen die Juden die Lieferung von Lebensmitteln und Kriegsgerät an die Deutschen. Eichmann war fasziniert von den Möglichkeiten, die sich dadurch eröffneten, und teilte den Vorschlag SS-Standartenführer Kurt Becher mit, der für die wirtschaftliche Organisation der SS verantwortlich zeichnete. Daraufhin wandte sich Becher an Himmler, den Reichsführer der SS und Stellvertreter Hitlers. Himmler war ein ebenso fanatischer Antisemit wie Hitler, zeigte sich aber bereit, ein paar jüdische Leben gegen wirtschaftliche, militärische oder diplomatische Vorteile einzutauschen. Er hatte keineswegs die Absicht, den Genozid an den Juden tatsächlich zu beenden oder auch nur vorläufig auszusetzen; dies wäre ohne ausdrückliche Anweisung Hitlers ohnehin undenkbar gewesen. Doch Himmler bevollmächtigte Eichmann, die Verhandlungen weiterzuführen, um zu sehen, wohin sie führen würden. Die Nazis hielten das „Judentum" für allmächtig, in ihren Augen waren Churchill und Roosevelt bloße Marionetten. Möglicherweise spekulierte Himmler darauf, daß das Angebot, ein paar Juden zu retten, den Kriegsverlauf entscheidend verändern konnte.

Mitte Mai, kurz nachdem die Deportationen begonnen hatten, informierte Eichmann Kasztner und Brand, daß er ihrem Plan zustimmte, den sie nun dem „Weltjudentum" und den Alliierten unterbreiten sollten. Im Tausch gegen die tonnenweise Lieferung von Kaffee, Tee, Seife, Wolfram und 10.000 Lastwagen zum Einsatz an der Ostfront sollten die Deportationen ausgesetzt und den Juden die Ausreise gestattet werden (in jedes Land ihrer Wahl außer Palästina). Eichmann befahl Brand, das Angebot den Gesprächspartnern zu unterbreiten, und bestand darauf, daß Brand von Bandi Grosz begleitet werde, einem zwielichtigen Charakter, der in Geheimdienstaktivitäten Deutschlands, Ungarns und der Vereinigten Staaten verstrickt war.

Die Beteiligung von Grosz verurteilte die Mission zum Scheitern, auch wenn Brand und Kasztner dies erst später erkennen sollten. Himmlers Agenten hatten Grosz beauftragt, herauszufinden, wie die westlichen Alliierten der Frage eines Separatfriedens gegenüberstanden, der den Deutschen erlaubt hätte, ihre Streitmächte ganz auf die Rote Armee zu konzentrieren. Briten und Amerikaner, die den Plan durchschauten, Stalin aber keinesfalls als Verbündeten gegen die Deutschen verlieren wollten, wichen dem von Himmler ausgelegten Köder geschickt aus.

Am 19. Mai traf Brand in Istanbul ein, um den skeptischen Repräsentanten der Jewish Agency, der Quasi-Regierung der palästinensischen Juden, den Handel „Lastwagen für Blut" zu erläutern. Der britische

Hochkommissar für Palästina, Sir Harold MacMichael, war alles andere als erfreut, als er von dem Angebot hörte. Einerseits hegte er den Verdacht, daß den Alliierten damit eine Falle gestellt werden sollte; andererseits, sollte das Angebot ernst gemeint sein, mußte er fürchten, daß Tausende von Juden nach Palästina kommen würden, was wiederum für Unruhe auf seiten der Araber gesorgt hätte. Am 31. Mai 1944 debattierte das britische Kriegskabinett das Angebot und kam zu dem Schluß, es handele sich um eine tödliche List. Zionistenführer in Palästina und London, unter ihnen auch Chaim Weizmann, baten die Briten, das Angebot nicht von vornherein abzulehnen und zumindest die Verhandlungen in die Länge zu ziehen, doch ohne Erfolg. Brand, der sich inzwischen auf dem Weg zu den Zionistenführern in Jerusalem befand, wurde von den Engländern in Aleppo verhaftet und an der Rückkehr nach Budapest gehindert. Am 19. Juli 1944 griff die Weltpresse die Geschichte auf, womit alle Pläne zunichte gemacht wurden.

Brand hatte den Westalliierten auch die Bitte vorgetragen, die Bahnstrecke nach Auschwitz zu bombardieren, um auf diese Weise die Transporte zu verhindern. Eine Bombardierung der Eisenbahnanlagen oder des Todeslagers war den Alliierten zuerst im Mai 1944 von führenden Vertretern der slowakischen Juden vorgeschlagen worden. Ende Juni wiederholten Vertreter der Jewish Agency in Jerusalem und Weizmann in London diese Bitte nochmals. Die britischen und amerikanischen Reaktionen auf dieses verzweifelte Drängen waren in der Folge durchaus kontrovers. Winston Churchill teilte seinem Außenminister Anthony Eden mit, er solle die Angelegenheit in die Hände des Bombergeschwaders der Royal Air Force legen, um „soviel wie möglich zu erreichen". Doch am 3. August 1944 teilte das Oberkommando des Bombergeschwaders mit, die Geheimdienstinformationen seien nicht ausreichend, um den Langstreckenbombern einen genauen Zielanflug zu ermöglichen.

John Pehle vom Komitee für Kriegsflüchtlinge, der für Hilfsmaßnahmen für verfolgte Juden verantwortlich war, wandte sich mit der Bitte um Intervention an John J. McCloy, den stellvertretenden Verteidigungsminister. Durch weitere Anfragen zum Handeln gedrängt, teilte McCloy schließlich am 14. August 1944 in einem Brief an Leon Kubowitzki, den Vorsitzenden des Rettungskomitees beim jüdischen Weltkongreß, die Haltung des Kriegsministeriums mit: „Eine derartige Operation könnte nur durch die Bereitstellung umfangreicher Luftunterstützung durchgeführt werden, die im Moment für den Erfolg unserer an anderen entscheidenden Operationen beteiligten Truppen entscheidend ist; in jedem Fall wäre sie von so zweifelhafter Wirkung, daß ein Einsatz unserer Ressourcen nicht zu rechtfertigen wäre." Zum selben Zeitpunkt aber flog die amerikanische Air Force bereits Angriffe auf die Fabrik für Synthesekautschuk in Monowitz, etwa 10 Kilometer von Birkenau entfernt.

An entsprechenden Informationen hätte es nicht gemangelt, wären die zuständigen Personen über die Nachrichten in Kenntnis gesetzt worden, die zwei jüdische Gefangene, Rudolf Vrba und Alfred Wetzler, überbracht hatten, nachdem ihnen am 7. April 1944 die Flucht aus Birkenau gelungen war. Zwei Wochen später hatten sie Kontakt mit der Führung der slowakischen Juden aufgenommen und berichtet, daß Auschwitz für die Ankunft einer großen Anzahl Juden vorbereitet werde. Ihr Bericht, die sogenannten „Auschwitz-Protokolle", wurde über Mittelsmänner an den Vatikan und in die Schweiz geschickt, von wo aus jüdische Aktivisten sie an diplomatische Vertreter der Alliierten weiterleiteten. Auf der Grundlage des Berichts wären Experten in der Lage gewesen, die Luftaufnahmen auszuwerten, die bei Aufklärungsflügen über Monowitz gemacht worden waren.

Die Bombardierung der Gleisanlagen wäre wohl die am wenigsten effektive Maßnahme gewesen, da die Schienen leicht wieder instand gesetzt werden konnten. Ein Luftangriff auf Birkenau dagegen hätte die Massenvernichtung entscheidend behindert, selbst wenn dabei Juden umgekommen wären (viele von ihnen waren ohnehin bereit zu sterben, wie der Aufstand vom Oktober 1944 zeigt, bei dem das Sonderkommando versuchte, die Gaskammern zu sprengen). Ein erfolgreicher Luftangriff Anfang Juli hätte Zehntausenden das Leben retten können.

Am 10. Juni gelang es Kasztner, 388 Juden aus seiner Heimatstadt Kolozsvár herauszubringen. Kurz darauf trat er in Verhandlungen mit Eichmann über eine Zugladung ein, die dieser „auf Eis" legen lassen sollte, um zu beweisen, daß es ihm ernst mit den Absprachen war. Nach endlosem Gerangel, in dessen Verlauf beträchtliche Geldsummen gezahlt wurden, konnten so schließlich 1.684 Juden gerettet werden. Die meisten von ihnen waren bekannte Persönlichkeiten, die der Jüdische Rat als Repräsentanten des politischen und religiösen jüdischen Lebens in Ungarn ausgewählt hatte. Zudem waren nicht wenige mit Aktivisten des Hilfs- und Rettungskomitees verwandt, eine Tatsache, die in der Folge den Verdacht der Bestechung nährte. Diese glücklich Erretteten wurden in einem abgesonderten Teil des Konzentrationslagers Bergen-Belsen untergebracht und im August und Dezember 1944 in zwei Gruppen in die Schweiz geschickt. Ihre Befreiung war das Ergebnis umfangreicher Verhandlungen, an denen Kasztner und Kurt Becher beteiligt waren, sowie Saly Mayer, ein Schweizer Jude, der im Auftrag des Joint Distribution Committee handelte. Außerdem konnte Kasztner Eichmann dazu bewegen, etwa 20.000 Juden statt nach Auschwitz in das österreichische Konzentrationslager Strasshof transportieren zu lassen, wo drei Viertel von ihnen den Krieg überlebten.

VI

Nachrichten von den Deportationen sowie detaillierte Informationen über Auschwitz-Birkenau, die die freie Welt Mitte Juni 1944 erreichten, erregten endlich internationales Interesse. Der Bericht von Vrba und Wetzler wurde dem örtlichen Repräsentanten des Vatikan übergeben, der ihn nach Rom weiterleitete. Am 20. Juni traf ein päpstlicher Gesandter ein, um die Männer persönlich zu befragen, und fünf Tage später sandte Papst Pius XII. ein Telegramm an Horthy, in dem er „noch einmal an die ungarische Regierung [appellierte], ihren Krieg gegen die Juden nicht weiter zu führen" und „vielen unglücklichen Menschen Leid und Schmerz zu ersparen".

Der Präsident der Vereinigten Staaten von Amerika, Franklin Delano Roosevelt, hatte bereits am 24. März 1944 eine Erklärung abgegeben, in der er den systematischen Massenmord an den Juden „eines der furchtbarsten Verbrechen der gesamten Geschichte" nannte. Er erklärte darüber hinaus, daß „niemand, der an diesem Akt der Barbarei beteiligt ist, seiner Strafe entgehen wird". Doch diese Erklärung blieb genauso wirkungslos wie die darauf folgenden durch das Senate Foreign Relations Committee und das House Foreign Affairs Committee. Am 26. Juni sandte Roosevelt eine persönliche Botschaft an Horthy, in der er ein Ende der Deportationen forderte und noch einmal mit Vergeltung drohte. Zwei Tage später schloß sich König Gustav von Schweden den Protesten an.

Diese Appelle verstärkten Horthys Unbehagen. Bereits Anfang Juni hatte er dem schweizerischen Militärattaché gegenüber seine Besorgnis geäußert, die Verfolgung der Juden könne sich ungünstig für das Image Ungarns auswirken und sich als hinderlich bei der Kontaktaufnahme mit den westlichen Alliierten erweisen. Inzwischen war er davon überzeugt, daß Deutschland den Krieg verloren hatte: Die Invasion der Alliierten in Frankreich verlief offensichtlich erfolgreich. Im Osten war der Vormarsch der Roten Armee nicht mehr aufzuhalten. Als die Amerikaner am 2. Juli 1944 einen Luftangriff auf Budapest flogen, fürchtete Horthy, der lange Arm der Rache klopfe bereits an seine Tür.

Horthys Sinneswandel vollzog sich gerade noch rechtzeitig, um die schätzungsweise 164.000 in Budapest lebenden Juden zu retten, die letzten überlebenden ungarischen Juden. Während fünf chaotischer Tage, zwischen dem 16. und dem

21. Juni, waren die Juden gezwungen worden, in etwa 1.800, mit dem Davidsstern kenntlich gemachte „Judenhäuser" zu ziehen. Das Sonderkommando Eichmanns hatte sich mit dem Polizeichef auf den 10. Juli für die Deportationen aus der Hauptstadt geeinigt.

Im Verlauf einer Mitte Juni abgehaltenen Reihe von Treffen des Ministerrates wagten die Gegner der Deportationen, ihre Einwände vorzutragen. Am 23. Juni 1944 zitierte Horthy Endre und Baky zu sich und verlangte Rechenschaft für die Grausamkeiten, über die er sowohl von seinem Sohn als auch von vertrauenswürdigen Freunden wie Graf Bethlen informiert worden war. Zu Horthys Mißfallen tischten die beiden ihm unverhohlen Lügen auf. Ende des Monats zwang er daher den Innenminister, die beiden von ihrem Amt als Verantwortliche für jüdische Angelegenheiten zu entbinden. Daraufhin handelte Baky auf eigene Rechnung und konspirierte mit den Deutschen und der Gendarmerie in der Absicht, Horthy abzusetzen und die letzten Deportationen durchzuführen. Horthy kam dem Coup zuvor, indem er loyale Armeeverbände in die Hauptstadt beorderte und der Gendarmerie den Abzug befahl. Dann teilte er Veesenmayer mit, daß die Deportationen beendet werden müßten und verlangte den Abzug der Gestapo. Am 7. Juli 1944 verkündete Horthy öffentlich das Ende der Deportationen. Die Deportationen wurden jedoch noch zwei Tage lang fortgesetzt. In dieser Zeit wurden die Juden in den Städten außerhalb Budapests liquidiert.

Ein paar Wochen lang hatte es den Anschein, als ob das schreckliche Leiden der ungarischen Juden vorüber sei. In mehreren Erklärungen verkündete Horthy, daß die Regierung die von der schwedischen Regierung für 500 Juden ausgestellten Pässe anerkenne und die Ausreise von etwa 7.000 Juden gestatte, die eine Einreisegenehmigung für Palästina besaßen. Am 7. August entließ er Jaross, und am 25. August wurde schließlich auch Sztójay seines Amtes enthoben. Der neue Premierminister, General Géza Lakatos, war ein loyaler Anhänger Horthys, der sich zum Ziel gesetzt hatte, Ungarn aus dem Bündnis mit den Nazis zu lösen und Frieden mit den Alliierten zu schließen, um eine Besetzung durch die Sowjetarmee zu verhindern. Im Rahmen seines diplomatischen Vorstoßes ordnete er auch eine Lockerung der den Juden auferlegten Restriktionen an und entriß der SS die Zuständigkeit für die jüdischen Angelegenheiten.

Am 8. Oktober 1944 erklärte sich Ungarn förmlich zu Friedensverhandlungen mit den Alliierten bereit. Horthy war sich darüber im klaren, daß er damit den Zorn Hitlers auf sich ziehen würde, und hatte die Armee darauf vorbereitet, einem zweiten deutschen Einmarsch entgegenzutreten. Außerdem war vorgesehen, die Anführer der pro-nazistischen Pfeilkreuzler festzunehmen. Aber Hitler hatte einen derartigen Schachzug vorausgesehen. Die SS schützte die Führer der Pfeilkreuzler, während SS-Standartenführer Otto Skorzeny und seine Eliteeinheit Horthys Sohn entführten und den Widerstand brachen. Horthys Plan war auf ganzer Linie gescheitert. Die Nazis übertrugen statt dessen Ferenc Szálasi und den Pfeilkreuzlern die Leitung der Staatsgeschäfte; Horthy wurde gezwungen, Szálasi als seinen Nachfolger einzusetzen, bevor er heimlich nach Bayern gebracht und dort inhaftiert wurde. Der Todeskampf der ungarischen Juden sollte sich um vier weitere schreckliche Monate verlängern.

VII

Die Partei der Pfeilkreuzler und die Miliz, die sogenannten *nyilas,* feierten ihre Machtübernahme mit einer fünf Tage andauernden Orgie des Terrors, bei der Hunderte von Juden ermordet wurden. Eichmann kehrte eiligst nach Budapest zurück, um seine unvollendete Arbeit zu Ende zu bringen. Unterstützt wurde er dabei von dem neuen Innenminister Ungarns, Gábor Vajna, einem fanatischen Nazi, der jeden Sinn für die Realität verloren zu haben schien. Selbst als die Rote Armee schon die Vororte von Budapest erreicht hatte, gab Vajna noch den Befehl,

Straßen umzubenennen, die die Namen von Juden trugen. Aber die Bedrohung, der die noch in der Hauptstadt lebenden gut 150.000 Juden sowie die etwa 150.000 Angehörigen der Zwangsarbeiterverbände ausgesetzt waren, war wesentlich ernsthafter.

Am 20. Oktober 1944 wurden alle Juden zwischen 16 und 60 Jahren aufgefordert, sich zum Arbeitsdienst zu melden. Eine Woche lang wurden täglich Hunderte von Männern und Frauen aus den „Judenhäusern" abgeholt und in Lager außerhalb Budapests gebracht, insgesamt etwa 35.000 Menschen. Zur gleichen Zeit schickte man auf Befehl Eichmanns 50.000 Zwangsarbeiter nach Deutschland. Am 8. November mußten sich etwa 25.000 Juden zu Fuß auf den Weg nach Österreich machen. Tausende der insgesamt mehr als 70.000 Juden, die im Winter 1944/45 auf diese Todesmärsche geschickt wurden, starben unterwegs an Entkräftung oder wurden erschossen und am Weg, in Scheunen oder provisorisch errichteten Lagern liegen gelassen. Jene, die ihr Ziel lebend erreichten, verschwanden hinter den Zäunen der Konzentrationslager Mauthausen und Gunskirchen.

Die in Budapest verbliebenen Juden wurden zwischen dem 29. November und dem 3. Dezember 1944 aus ihren Wohnungen und Häusern getrieben und in das von einer Mauer umgebene Ghetto im Herzen des jüdischen Viertels gezwungen. Im Januar 1945 lebten 70.000 Juden zusammengepfercht auf einer Fläche von 0,3 Quadratkilometern. Es gab nicht einmal Platz, um die Toten zu begraben, so daß Berge von Leichen, etwa 3.000 insgesamt, auf den Straßen lagen, neben Unrat und unter freiem Himmel lebenden Flüchtlingen. Ein Ghettorat, der von den Pfeilkreuzlern eingesetzt worden war, versuchte verzweifelt, die Ordnung aufrechtzuerhalten und die Verteilung der Lebensmittel zu organisieren. Die Juden im Ghetto mußten mit der Hälfte dessen auskommen, was ein normaler Mensch zum Überleben braucht. Als die Rote Armee die Hauptstadt einkreiste, richtete die Miliz ihren Zorn gegen die Juden. Mordkommandos drangen in das Ghetto und die jüdischen Häuser ein oder führten ganze Menschengruppen an das Ufer der Donau, um sie dort zu foltern und in Massenerschießungen zu töten. Etwa 17.000 Juden wurden auf diese Weise abgeschlachtet, darunter auch einige Mitglieder des Jüdischen Rates. Eines der letzten Opfer dieses entsetzlichen Blutbades war Ottó Komoly, den man aus dem Ritz in das Hauptquartier der Pfeilkreuzler verschleppte und ermordete.

Im Laufe dieser blutigen Monate retteten die Vertreter der neutralen Staaten Tausenden das Leben. Bis zu diesem Zeitpunkt hatte die internationale Staatengemeinschaft auf die Besetzung Ungarns nur verhalten und sporadisch reagiert. Im März 1944 hatte Carl Ivan Danielsson, der schwedische Minister in Budapest, seine Regierung auf die bevorstehende Katastrophe hingewiesen und um Anweisungen gebeten. In der Antwort des schwedischen Kabinetts hatte es geheißen, daß er „in Ausnahmefällen nach eigenem Gutdünken provisorische Papiere ausstellen" könne. Diese Pässe sollten eine Gültigkeit von sechs Monaten haben und an Juden ausgegeben werden, die enge familiäre oder geschäftliche Beziehungen zu Schweden hatten. Danielsson hielt sich streng an die Vorgaben, auch wenn die schwedische Gesandtschaft von Antragstellern geradezu belagert wurde. Bis Ende Juni hatte die Gesandtschaft etwa 650 Juden Papiere ausgestellt. Gösta Engzell, Leiter der Abteilung für ausländische Pässe der Rechtsabteilung der schwedischen Regierung, legte die Vorschriften so großzügig wie möglich aus und half so Per Anger, Chargé d'Affairs in Budapest, selbst weniger aussichtsreiche Fälle zu lösen. Doch erst mit der Ankunft von Raoul Wallenberg stieg die Zahl der ausgestellten Papiere signifikant.

Raoul Wallenberg (1912–1947?) war der Sprößling einer ebenso reichen wie mächtigen Bankiersdynastie, die große Teile der schwedischen Wirtschaft beherrschte. Die Brüder seines Vaters, Jacob und Marcus Wallenberg, leiteten die Enskilda Bank sowie verschiedene Industriebetriebe, die mit der Kriegswirtschaft der Nazis eng verflochten waren. Dank seiner geschäftlichen Verbindungen nach Mitteleuropa und Kontakten zu schwedischen Juden wurde Wallenberg zum Mitarbeiter des War Refugee Board (WRB) in Budapest ernannt. Das WRB war auf Anweisungen Roosevelts im Januar 1944 gegründet worden und hatte den ausdrücklichen Auftrag, wo immer es möglich war, für die Rettung von Juden zu sorgen. Unglücklicherweise arbeitete mindestens einer von Wallenbergs schwedischen Verbindungsmännern des WRB zugleich auch für den amerikanischen Geheimdienst. Diese Verbindung wie auch sein familiärer Hintergrund führten wahrscheinlich zu seiner Festnahme durch sowjetische Truppen im Januar 1945. Man nimmt an, daß Wallenberg im Jahr 1947 in sowjetischer Kriegsgefangenschaft ermordet worden ist. Ein tragisches Ende für einen Mann, der bei den Bemühungen zur Rettung ungarischer Juden eine entscheidende Rolle spielte, auch wenn er zu spät kam, um noch Einfluß auf die Deportationen aus den anderen Landesteilen zu nehmen.

Nur drei Tage nach seiner Ankunft in Budapest gelang es Wallenberg, von Sztójay die Genehmigung zur Ausstellung von 5.000 schwedischen Pässen zu erhalten, die für Juden gedacht waren, die nach Palästina ausreisen wollten. Der jüdische Widerstand, der über eine Druckerpresse verfügte, fälschte die von Wallenberg ausgestellten Papiere und sorgte so dafür, daß noch weitaus mehr Menschen von Wallenbergs Initiative profitierten.

Nach dem Staatsstreich Szálasis besuchte Wallenberg persönlich die Lager rings um Budapest und fuhr zu den Bahnhöfen, von denen die Transporte abgingen, um für Juden, die unter schwedischem Schutz standen, Ausnahmegenehmigungen zu erreichen. Bill Basch ist einer von denen, die Wallenberg ihr Leben verdanken. Außerdem erreichte er die Genehmigung zur Errichtung eines „internationalen Ghettos", in dem Juden, die über von neutralen Staaten ausgestellte Papiere verfügten, gesammelt und damit vor marodierenden Faschistenhorden geschützt werden konnten. Für kurze Zeit fanden hier mehr als 15.000 Juden Schutz.

Wallenberg arbeitete eng mit den Diplomaten anderer neutraler Staaten zusammen. Im April 1944 erreichte der schweizerische Konsul Charles Lutz nach Absprache mit der Regierung seines Landes, daß 7.000 Juden mit Ausreisepapieren nach Palästina ausreisen konnten. Durch einen geschickten Schachzug sorgte Lutz dafür, daß diese Papiere nicht nur für die Person Gültigkeit besaßen, auf die sie ausgestellt waren, sondern auch für deren Angehörige. Und auch er erwarb eine Reihe von Häusern, in denen Juden unter dem Schutz des schweizerischen Konsulats lebten. Währenddessen versuchte die Schweiz, ein

Abkommen mit Großbritannien auszuhandeln, das potentiellen Emigranten die Einreise nach Palästina ermöglichen sollte, es scheiterte jedoch an der Weigerung der Briten, Juden den Zutritt in die „nationale jüdische Heimstatt" zu gewähren.

Auch unter dem Szálasi-Regime stellte das schweizerische Konsulat weiterhin Papiere aus, die es mit Hilfe von Kurieren, jungen Leuten aus der zionistischen Jugendbewegung, verteilte. Tom Lantos, der in ein Arbeitslager verschleppt worden war, weil er den Davidsstern nicht getragen hatte, kehrte nach Budapest zurück, um einer dieser tapferen Kuriere zu werden und in einem unter schwedischem Schutz stehenden Haus zu leben, wenn er nicht die Patrouillen der Pfeilkreuzler auf der Straße zu umgehen versuchte.

Dank einiger mutiger Delegierter verließ das in der Schweiz ansässige Internationale Komitee des Roten Kreuzes (IKRK) schließlich seinen von Bürokratismus und Kurzsichtigkeit geprägten Kurs. Jean de Bavier, von Oktober 1943 bis Mai 1944 der Delegierte des IKRK in Ungarn, war ernsthaft an jüdischen Angelegenheiten interessiert und brachte seine Vorgesetzten dazu, Hilfsmaßnahmen in die Wege zu leiten. Er informierte die Hauptgeschäftsstelle in Genf über die Gefahren, der die Juden durch die deutsche Besetzung ausgeliefert waren, und bat um Anweisungen für konkrete Schutzmaßnahmen. Sein direktes Vorgehen war offenbar der Anlaß, ihn aus Ungarn abzuberufen: Max Haber, Vorsitzender des IKRK, hielt daran fest, es sei nicht Sache des Roten Kreuzes, sich in lokale Zivilangelegenheiten einzumischen, ein derartiges Engagement würde nur die Arbeit auf internationalem Niveau beeinträchtigen. Auch de Baviers Nachfolger in Ungarn, Friedrich Born, übermittelte ungeschminkte Berichte über die antijüdischen Maßnahmen vom Mai und Juni 1944 nach Genf. Doch erst als die „Auschwitz-Protokolle" in Genf eintrafen, gewährte man ihm etwas mehr Handlungsspielraum. Am 5. Juli 1944 sprach Born endlich bei Horthy vor, um in aller Form gegen die Deportationen zu protestieren.

Ende Juli 1944 besuchte eine Delegation des IKRK die Internierungslager in Kistarcsa und Sárvár, doch Born kam zu spät, um die Deportation von 2.700 Juden zu verhindern, die Eichmann trotz der Anweisung Horthys, die Transporte einzustellen, hatte durchführen lassen. Anfang August übernahm das IKRK einige Häuser in Budapest, die mit dem Hinweis versehen wurden, daß sie unter dem Schutz einer neutralen Organisation standen. Am 17. Oktober, kurz nach der Machtübernahme durch Szálasi, berief Born ein Treffen mit Delegierten aus Schweden, der Schweiz, Spanien, Portugal und dem Vatikan ein, die konzertierte Maßnahmen beschlossen, um sichere Häuser, Pässe und andere Hilfs-

Ferenc Szálasi, früherer Anführer der Pfeilkreuzler, vor seiner Hinrichtung durch den Strang am 12. März 1946. Ein Volksgericht hatte ihm Kriegsverbrechen zur Last gelegt.

maßnahmen, wie z. B. Suppenküchen, für Juden bereitzustellen. Das IKRK stellte etwa 15.000 Schutzpässe aus und ermöglichte es Dr. Gábor Sztehló, ein Waisenhaus einzurichten, das 5.000–6.000 jüdischen Kindern eine Zufluchtsstätte bot.

Der Vatikan, der im Juli 1944 eine wichtige Rolle bei der Herbeiführung von Horthys Anweisung zur Beendigung der Deportationen gespielt hatte, engagierte sich zwar spät, aber auf lobenswerte Weise. Der päpstliche Nuntius Monsignore Angelo Rotta setzte sich wiederholt bei Sztójay und Szálasi für Konvertiten und in einigen Fällen auch für „Volljuden" ein. Außerdem kooperierte er mit anderen neutralen Staaten, erkannte die Papiere an, die sie für Juden ausstellten, und sorgte dafür, daß Tausende in Häusern Schutz fanden, die als Territorium des Vatikans ausgewiesen waren. Ende 1944 besaßen offiziell etwa 2.500 und inoffiziell mehr als 15.000 Juden vom Vatikan ausgestellte Papiere.

Am 17. und 18. Januar 1945 durchbrachen Soldaten der Roten Armee die Verteidigungslinien vor Budapest und befreiten Pest, den Teil der Stadt, in dem sich nicht nur das Ghetto befand, sondern auch die meisten der überlebenden Juden Budapests Zuflucht gefunden hatten. Der Rest der Stadt wurde erst Wochen später befreit. Die Russen fanden etwa 70.000 Juden im Ghetto und 50.000, die entweder im Untergrund, in Verstecken oder in unter dem Schutz neutraler Staaten stehenden Häusern lebten.

120.000 Juden hatten in Budapest überlebt. Nach dem Ende des Krieges kehrten nach und nach weitere 25.000 von den Zwangsarbeiterverbänden und aus Konzentrationslagern in die Hauptstadt zurück. Etwa 46.000 siedelten sich wieder in den ländlichen Gebieten an, circa 65.000 Überlebende zogen zurück in Gebiete, die inzwischen zur Tschechoslowakei, Rumänien und Jugoslawien gehörten. Nur 100.000 Juden – wie diejenigen, die in diesem Buch zu Wort kommen – überlebten Zwangsarbeit, Deportation, Todesmärsche und Konzentrationslager.

Juden auf dem Weg in das Ghetto von Körmend in Ungarn (Frühjahr 1944).

Eine Gruppe von Juden, gekennzeichnet mit dem gelben Davidsstern, wird von deutschen Soldaten in Budapest zusammengetrieben. Unmittelbar nach dem Sturz der Regierung Horthys durch die Pfeilkreuzler am 15. Oktober 1944 begann Szálasis Regime mit dem Terror gegen die in Budapest und der unmittelbaren Umgebung lebenden Juden. Die Pfeilkreuzler verbreiteten über den Rundfunk antisemitische Hetzpropaganda, um die nichtjüdische Bevölkerung gegen die „jüdisch-bolschewistische Weltverschwörung" aufzuwiegeln. Es kursierten Gerüchte, eine Gruppe jüdischer Zwangsarbeiter habe den Pfeilkreuzlern bewaffneten Widerstand geleistet; die Regierung ordnete daraufhin an, daß alle durch den gelben Stern gekennzeichneten „Judenhäuser" für die Dauer von 10 Tagen verschlossen gehalten werden sollten. Tausende Juden wurden im Anschluß daran zusammengetrieben und mit ungewissem Schicksal zu Sammelpunkten geführt. Nach heftigen Protesten seitens der Repräsentanten neutraler Staaten und Teilen der ungarischen Bevölkerung gab das Regime nach und gestattete den Juden, in die Häuser zurückzukehren.

ZUSAMMENTREIBUNG

Ein Pfeilkreuzler hält einen Juden zurück (Budapest 1944).

ZUSAMMENTREIBUNG 55

Juden, die im Oktober 1944 von der SS und Pfeilkreuzlern in Budapest zusammengetrieben wurden, werden auf ihrem Weg zur Internierung im Stadttheater am Kálmán-Tisza-Platz mißhandelt.

Männer und Frauen werden während des Pfeilkreuzler-Regimes im Oktober-November 1944 durch die Straßen von Budapest zu Deportationszügen geführt.

Alice Lok Cahana

Wir lebten in Sárvár, einer ungarischen Kleinstadt nahe der österreichischen Grenze. Sei dem zehnten Jahrhundert lebten hier Juden. Es gab drei Synagogen, eine für die Orthodoxen, eine für die Reformierten und eine kleine, die BetHaMidrash genannt wurde. Nicht weit von unserem Haus gab es einen Markt, zu dem die Bauern der Umgegend jeden Morgen mit Körben voller frischer Lebensmittel kamen. Meine Mutter kaufte dort Pfirsiche, Kirschen und Trauben für uns und für Großvater, der bei uns lebte.

Großvater war in der Gemeinde sehr beliebt. Lange Jahre war er der Vorsteher der jüdischen Gemeinde, und er war sehr nachsichtig. Ich erinnere mich an einen Spaziergang im Park, ich muß wohl zehn Jahre alt gewesen sein, als ein Junge einen Stein nach ihm warf und seinen Kopf nur knapp verfehlte. Als ich den Stein ärgerlich zurückwerfen wollte, hielt mich Großvater zurück und sagte: „Wir tun so etwas nicht." Bald darauf verstand ich, daß die Straße für uns Juden nicht sicher war. Nur am Sabbat war uns das Spielen im Park erlaubt.

Der Sabbat war in unserem Haus immer eine schöne Feier. Nach dem Frühstück halfen wir beim Abdecken des Tisches und beim Aufräumen des Zimmers, weil die Gemeindeältesten zu uns kamen, um die Thora zu studieren. Großvater war einer jener wunderbaren Gemeindevorsteher, die sich auch um die armen Kinder der Stadt kümmerten. Wenn etwa eine Waise heiratete, dann sorgte er dafür, daß dieser Mensch alles für die Hochzeit und die Mitgift bekam, was nötig war.

Wir waren zu Hause vier Kinder. Edith war die Älteste, und sie half schon im Büro unserer Teppichweberei. Ich bewunderte sie sehr, denn sie war schon, was ich werden wollte: siebzehn Jahre alt und unabhängig. Nachts, wenn niemand sie sehen

Die Familie von Alice Lok Cahana im Jahr 1942: Cousin Ernsti Glück, Alice Lok, Mutter Tereza (Teri) Lok, Vater Jenö Lok, Großvater Adolf Schwarz, Edith Lok, Öcsi Lok, Imi Lok (v. l. n. r.).

Alices Schwester Edith Lok.

Alices Vater, Jenö Lok.

Hause. Für gewöhnlich holten wir ihn am Bahnhof ab, und er brachte uns jedesmal ein paar Süßigkeiten mit. Vater versprach immer wieder, daß wir nach Budapest ziehen würden, aber dann starb Großmutter, und meine Mutter nahm Großvater zu sich; der Umzug mußte verschoben werden – er sollte nie stattfinden.

Antisemitismus bekam ich das erste Mal wirklich zu spüren, als ich eines Tages in die Fabrik ging und dort ein Hakenkreuz sah. Ich sprach einen unserer Arbeiter darauf an: „Wie können Sie ein Hakenkreuz in der Arbeiterkantine aufhängen?" Einer antwortete: „Oh, weißt du noch nicht, daß sie

konnte, ging sie manchmal hinaus, um den Armen etwas zu essen zu bringen, ein bißchen Mehl oder Zucker aus unserer Speisekammer. Ich fand, das war eine sehr schöne Geste, jemandem etwas zu geben, wenn man ein wenig mehr hat. Edith war immer etwas Besonderes.

Dann hatte ich noch zwei jüngere Brüder, zehn und fünf Jahre alt. Ich kümmerte mich um den Fünfjährigen, fühlte mich als seine Mutter, gab ihm Liebe und Aufmerksamkeit, zog ihn hübsch an. Sein Name war Imi, mein anderer Bruder hieß Öcsi. Vater war ein sehr gutaussehender Mann. Er hatte ein Büro in Budapest und pendelte. Am Montagmorgen fuhr er weg, und am Donnerstagabend war er wieder zu

Alices Mutter, Tereza (Teri) Schwarz Lok.

dert, sagten wir uns. Es war einfach nicht vorstellbar. Als Kind liebte ich meine Stadt, und Großvater war immer optimistisch. „Uns kann nichts passieren", sagte er. Wir waren in dieser Stadt seit Anbeginn der Zeit, wir waren ein Teil von ihr. Unserer Religion nach waren wir Juden, der Nationalität nach Ungarn. Wir arbeiteten hart, trugen zur Gemeinschaft bei, zahlten Steuern, und unsere Fabrik ernährte eine Menge Leute.

Am 19. März 1944 kamen die Deutschen, die SS, in unsere Stadt. Sie fuhren ein paarmal im Kreis herum, damit es aussah wie eine große Armee, aber in Wahr-

dich wegbringen und Seife aus dir machen werden?" Ich antwortete: „Wenn Sie sich einmal mit gutriechender Seife waschen, dann denken Sie daran, daß ich das bin." Diese Antwort gab mir wenigstens das Gefühl, mich gewehrt zu haben. Aber ich verstand nie, warum wir gehaßt wurden.

Weil Großvater Gemeindevorsteher war, schickte der Rabbi immer Fremde zu uns, die dann eine warme Mahlzeit bekamen oder was immer sie sonst benötigten. Einige Juden, die aus Polen geflohen waren, erzählten Geschichten, daß man die Juden zusammengetrieben und weggebracht habe. Ich erinnere mich, daß wir ihnen nicht glaubten. Das konnte nicht geschehen, nicht im zwanzigsten Jahrhun-

Alices Onkel Salamon (Zalme) Schwarz mit seiner Frau Terus und ihren Söhnen Robert (links) und Andor. Alle auf dieser Doppelseite abgebildeten Personen wurden im Holocaust getötet.

Einheimische beobachten im Frühjahr 1944 den Einmarsch der Besatzungstruppen in ihre Stadt in Ungarn.

heit hatten sie nur ein paar Panzer. Aber an diesem Tag wurden die Geschichten Realität, eine sehr bedrohliche Realität. Sofort wurde ein Dekret erlassen, daß wir abends unsere Häuser nicht mehr verlassen durften, und bald darauf hieß es, daß sie uns in ein Ghetto bringen würden. Das Wort „Ghetto" hatten wir noch nie gehört, aber der Sinn war klar: Wir würden unser Haus verlassen müssen.

Ich beobachtete das Gesicht meiner Mutter. Wie würde sie reagieren? Würde sie in Panik ausbrechen? Hatte sie Angst? Zu meinem Erstaunen ging sie auf den Markt und kaufte Blumen. Sie kaufte Veilchen. Im Rückblick begreife ich, daß sie uns so Stärke zu geben versuchte. Ich bewundere sie sehr, denn diese Geste gab uns Hoffnung.

Ein nächster Erlaß schrieb vor, daß wir unser Haus verlassen mußten und nur fünfundzwanzig Kilo Gepäck mitnehmen konnten. Zunächst waren wir ratlos – was sollten wir mitnehmen? Denken Sie an Ihr eigenes Zuhause, was würden Sie mitnehmen, das fünfundzwanzig Kilo wiegt? Wieviel ist das überhaupt? Nehmen Sie Kissen oder Geschirr? Was nehmen Sie mit? Was ist wertvoll? Was ist notwendig? In wenigen Stunden mußten wir uns darüber klar werden.

Unsere Fabrik wurde an zwei Nichtjuden übergeben, Herrn Kroger und Herrn Oswald. Herr Kroger quartierte sich mit seiner Frau in unserem Haus ein. Als wir das Haus verließen, trugen wir alle Taschen, und die Kissen und Laken waren zu einem Bündel verschnürt, das wir Kinder trugen. Ich schämte mich.

Sie brachten uns nicht sehr weit weg, vielleicht weil mein Großvater ein geachteter Mann war. Der Rabbi, Großvater und zehn oder zwölf Familien wurden in die Straße gebracht, in der sich die jüdische Schule und die Synagoge befanden. Und so fanden wir uns in einem Klassenzimmer wieder, mit unseren Kissen, einigen Matratzen und ein paar Kochtöpfen. Und einem provisorischen Tisch und einem Kocher, auf dem wir unsere Speisen zubereiten konnten. Es gab kein warmes Wasser.

Unser ganzer Haushalt war plötzlich auf einen Raum zusammengeschrumpft, in dem wir schliefen, kochten und aßen.

Das Ghetto wurde auf beiden Seiten bewacht; man hatte ein kleines Tor mit einem Wachhäuschen errichtet, und auf beiden Seiten stand ein *Zsandár*, ein ungarischer Polizist. Die arbeitsfähigen Männer schickte man in ein Arbeitslager.

Ein paar Tage später wagte es mein Vater – mitten in der Nacht hatte er beschlossen, nach Budapest zu fahren, wo sein Büro war, mit dem Zug sechs Stunden entfernt.

Jüdische Deportierte werden im Mai 1944 über eine Hauptstraße im ungarischen Kőszeg geführt.

„Edith, ich glaube, sie haben uns an den falschen Ort gebracht. Sie werden gleich kommen und sich entschuldigen. Das hier ist ein Irrenhaus. Jemand wird sich entschuldigen."

Es gab eine Anordnung, die Juden die Benutzung der Eisenbahn untersagte, und die Polizei überwachte die Bahnhöfe, hielt die Leute an und überprüfte ihre Papiere. Aber Vater war so elegant, er lüftete einfach seinen Hut, grüßte die Deutschen auf Deutsch und ging weiter. Niemand hielt ihn auf, und so kam er nach Budapest.

Wir anderen blieben noch ein paar Wochen in unserem kleinen Ghetto, bevor wir mit den anderen zusammen in der Zuckerfabrik untergebracht wurden. Wenige Tage später wurden wir mit den anderen Juden zum Bahnhof gebracht und in Viehwaggons gesperrt.

Ich weiß noch, als wir durch die Stadt zum Bahnhof liefen, dachte ich an den Auszug der Juden aus Ägypten. In dieser Menschenmasse kamen wir an unserem Haus vorbei. Zuerst wollte ich nicht zu unserem Haus hinübersehen. Als ich dann aber doch hinüberblickte, sah ich, daß dort Leute lebten, die ich kannte. Sie standen am Fenster und beobachteten uns. Ich schämte mich, fühlte mich erniedrigt. Wie konnten sie einfach dastehen und zusehen? Sie sahen einfach nur zu. Das war das letzte Mal, daß ich unser Zuhause sah.

Das einzige Wort, das man hört, ist „Schnell, schnell, schnell". Denk nicht nach, sondern steh einfach nur auf, Leute jagen dich. Man stieß mich in einen Viehwaggon, während ich noch die Hand meines kleinen Bruders hielt, und wir wurden in eine Ecke geschoben. Es ist schrecklich, all diese Leute werden zusammengepfercht, dicht gedrängt wie Sardinen. Und es war heiß, sehr heiß. In der Mitte stand ein Eimer, der sei, so sagte man uns, die Toilette, und ein Eimer für das Trinkwasser. Sie schlossen die Türen. In unserem Wagen war unsere Nachbarin, Frau Eckstein, im neunten Monat schwanger. Ich begann zu beten: „Bitte laß sie nicht an diesem schrecklichen Ort niederkommen." Ob ich Angst hatte? Diese Situation war zu schrecklich, um Angst zu haben.

Immer wieder fragte ich Edith: „Wo bringen sie uns hin, wo bringen sie uns hin?" Niemand gab mir Antwort, niemand wußte es. Die Leute redeten nicht, um die Kinder nicht zu verängstigen; sie redeten nicht, weil ihr Mund von der Hitze ausgetrocknet war; sie redeten nicht, weil es nichts zu sagen gab.

Fünf Tage später kamen wir an. Alle fragten: „Wo sind wir? Wo sind wir? Wie heißt dieser Ort?" Durch die Ritzen der Waggonwand konnte ich ein paar Buchstaben erkennen. Ein eigenartiger Name: Auschwitz. Halb tot vor Hitze, suchte ich nach Großvater und konnte ihn in der Dunkelheit nicht finden. Plötzlich öffneten sie die Tür, und das Licht machte uns fast blind, weil sich unsere Augen in den letzten 4–5 Tagen an die Dunkelheit gewöhnt hatten.

Selektion ungarischer Juden in Auschwitz-Birkenau im deutsch besetzten Polen (Frühjahr 1944).

Mit dem Licht atmeten wir frische Luft, füllten unsere Lungen, aber dann war da dieser seltsame Geruch, den ich nie zuvor gerochen hatte. Nicht der Gestank des Viehwagens, etwas anderes. Und ich sah Rauch. Mein kleiner Bruder sagte: „Ich kann meinen Schuh nicht finden", und ich sagte: „Du mußt besser Ordnung halten." Dann kam die SS und brüllte „Los, los!", unbekannte Wörter, deren Sinn ich jedoch schnell lernte. Ich sah, wie dieser Deutsche meinen Bruder schlug, weil er nicht schnell genug war, und dabei war er doch ein Kind, ein wunderbarer kleiner Junge, der seinen Schuh nicht finden konnte.

Wir sahen eine Menge Leute herumlaufen, die Haare abrasiert, in gestreiften Anzügen, und ich sagte zu Edith: „Sie haben uns an den falschen Ort gebracht. Sie werden gleich kommen und sich entschuldigen. Das hier ist ein Irrenhaus. Jemand wird sich entschuldigen."

Dann kamen ein paar Leute in gestreiften Anzügen und sprachen Jiddisch, und wir verstanden, daß sie Bewohner dieses Ortes waren – was auch immer dies für ein Ort sein mochte. Sie sagten: „Beeilt euch, kümmert euch nicht um euer Gepäck, laßt es einfach liegen." Wir fragten: „Aber wie werden wir wieder an unsere Sachen kommen?" – „Macht euch darum keine Gedanken. Schnell, stellt euch in Fünferreihen auf, je schneller ihr macht, desto weniger werdet ihr bestraft. Macht nur schnell." Den Müttern sagten sie: „Sagt euren Kindern, sie sollen nicht weinen, denn nur dann bekommen sie Wasser." Also trösteten die Mütter ihre Kinder: „Weine nicht, du bekommst Wasser." Das ist der Grund, warum wir ohne jeden Widerstand nach Auschwitz

Josef Mengele, der Lagerarzt von Auschwitz-Birkenau, der „Todesengel". Er beaufsichtigte nicht nur die Versuche an Menschen, sondern auch die Selektionen, bei denen die Arbeitsunfähigen von den Lagerinsassen getrennt und getötet wurden.

gingen. Welche Mutter würde riskieren, daß ihr Kind kein Wasser bekommt?

Die Frauen mit Kindern mußten sich gesondert aufstellen, so daß Mutter und meine beiden Brüder mit Großvater in einer Reihe standen, Edith und ich in einer anderen. Ein großer, eindrucksvoll aussehender Soldat hielt mich an und fragte: „Haben Sie Kinder?" – „Ich bin erst fünfzehn", antwortete ich auf Deutsch, und er schob mich in eine andere Richtung, weg von Edith. Später fand ich heraus, daß dies Dr. Mengele war.

Sie brachten mich zu einem Ort, wo wir uns für eine Dusche ausziehen mußten. Man nahm unsere Kleidung und gab uns die Kleider eines anderen. Ich erhielt ein langes, schwarzglänzendes Abendkleid, in das ich dreimal hineingepaßt hätte. Ohne zu wissen, daß man die Wachen in Auschwitz nicht ansprach, ging ich zu einer SS-Wache und fragte: „Wo ist meine Mutter?" Sie schlug mir ins Gesicht und sagte: „Hier wird nicht über Mütter gesprochen." Das war meine Begrüßung in Auschwitz und meine erste Lektion: Stell keine Fragen und sprich nicht mit der SS.

Sie brachten uns in eine Baracke des Lagers C in Birkenau. Es gab dort zweiunddreißig Baracken, in denen jeweils tausend Menschen lebten. Das ganze Areal war von einem elektrisch geladenen Stacheldrahtzaun umgeben. In dieser ersten Nacht hatte ich einen meiner wiederkehrenden Träume, daß ich zu Hause sei und fror, weil meine Bettdecke heruntergefallen war, doch mein Vater würde bald kommen und mich zudecken. Und dann wachte ich an diesem furchtbaren Ort auf. Wir schliefen auf Holzpritschen, ohne Kissen, ohne Laken, mit einer Decke für zehn Menschen. Wenn man sich umdrehen wollte, mußten sich alle gleichzeitig umdrehen. Man konnte nicht auf dem Rücken liegen, weil dann die anderen keinen Platz mehr hatten. Drei Reihen von Kojen, jeweils mit zehn Menschen. Jede Nacht träumte ich, mein Vater käme, um mich zuzudecken.

Es war noch dunkel, als wir von einer Pfeife geweckt wurden. Man brachte uns zur Latrine, tausend Menschen auf einmal. Ein privater Bereich bestand nicht mehr, unsere Menschenwürde wurde verletzt. Die Latrine war ein Ort des Schreckens.

Alles mußte schnell gehen, Tag und Nacht, und wir durften nicht miteinander sprechen. Wir hatten zu schweigen.

Am ersten Abend gaben sie mir etwas Brot und ein Stück – ein winziges Stück – Margarine. Weil Schuhe knapp geworden waren, hatte ich meine eigenen Schuhe behalten dürfen. Ich nahm die Margarine und putzte meine Schuhe. Ich konnte mir nicht vorstellen, was Verhungern ist. Ich sagte zu jemandem neben mir: „Möchtest du die Suppe? Ich werde das nicht essen." Ich gab sie weg, und mein Brot auch. Am nächsten Morgen gab es Kaffee, aber keinen richtigen Kaffee. Nun hatte ich echten Durst und Hunger.

Am zweiten Tag fragte ich einen Kapo: „Wo ist meine Mutter?" Ein Kapo war jemand, der oder die von der SS ausgesucht worden war, um die Gefangenen zu beaufsichtigen, und dafür bestimmte Privilegien genoß. Sie war eine Jüdin und war Tag und Nacht anwesend; niemand durfte sie ansprechen, aber ich ging hin und fragte: „Wo ist meine Mutter?" Sie deutete nach oben und sagte: „Dort ist deine Mutter, und frag mich nie wieder." Ich verstand nicht, was das heißen sollte, aber ich bekam Angst, schreckliche Angst.

Vom ersten Tag an versuchte ich herauszufinden, wohin sie Edith gebracht hatten. Schließlich sagte mir jemand, sie habe

Alice Lok Cahana kehrt mit ihrem Sohn nach Auschwitz-Birkenau zurück.

gehört, daß man am Tag meiner Ankunft in Lager C einige Ungarn ins Lager B gebracht hatte. Ich bekam auch heraus, daß jeden Morgen vor dem Wecken das Essen vom Lager C zum Lager B gebracht wurde. Ich stand also früher auf, um jemanden zu finden, der Edith eine Nachricht zukommen lassen konnte. Ich tauschte ein Stück Brot für einen Fetzen Papier und schaffte es, daß meine Botschaft heimlich in das Lager B gebracht wurde. Eines Tages brachte mir eine Frau den Zettel zurück; auf der anderen Seite stand in Ediths Handschrift: „Ich komme." Drei Tage später war sie da. Wir schworen uns, daß man uns nie mehr trennen würde.

Eines Nachts begannen Edith und ich darüber zu sprechen, wie wir zu Hause den Sabbat gefeiert hatten. Es war uns nicht erlaubt, miteinander zu reden, die Kapos gingen die ganze Nacht über durch die Baracke und schlugen jeden, der auch nur flüsterte, aber Edith sagte: „Warum beten wir nicht zusammen? Laß uns so tun, als wären wir zu Hause, und du deckst den Tisch, so wie früher." Von da ab machten wir das jeden Freitagabend, und dann flüsterten wir das Sabbatgebet. Das vermittelte uns eine gewisse Normalität in der abnormen Hölle, in der wir uns befanden.

Eines Freitags standen wir bei der Latrine, als Edith sagte: „Es ist gleich Sabbat." Der Sabbat beginnt, wenn man die Sterne am Himmel sieht. Ich sagte: „Warum feiern wir nicht in der Latrine? Man wird uns nicht hören, wir können singen", denn die SS kam niemals in die Latrinen, so furchtbar war es dort. Also rannten wir an ein Ende, stellten uns in eine Ecke, abseits von den anderen, und begannen die Sabbatlieder zu singen, die freitags in jedem jüdischen Haushalt gesungen werden. Und während wir die Melodie anstimmten, kamen andere Kinder zu uns und sangen mit; sie kamen aus Deutschland, Ungarn oder der Tschechoslowakei. Von da an feierten wir jeden Freitag den

Eine einfache Latrine in Auschwitz-Birkenau, die von den Gefangenen nur kurz benutzt werden konnte, einmal vor und einmal nach der Arbeit (1945).

Alice, die das Gebetbuch ihrer Mutter in Händen hält, besucht die Latrine, in der sie mit ihrer Schwester Edith in Auschwitz-Birkenau den Sabbat feierte.

Alice hält ein Photo, das sie nach der Befreiung aus dem Konzentrationslager Bergen-Belsen zeigt (vgl. den Abdruck auf S. 213).

Sabbat in der Latrine von Auschwitz. Das gab uns Hoffnung für den nächsten Tag.

Eines Tages hörte ich eine Frau, die Selbstgespräche führte, während wir nebeneinander beim Zählappell standen. In der Nacht hatte sie ein Kind geboren, das man ihr weggenommen und ins Krematorium gebracht hatte, und sie sagte: „Wenn ich überlebe, werde ich nicht hassen. Ich werde die Welt lieben." Sie hatte ihr Kind verloren, blutete noch, und jetzt sagte sie, sie werde nicht hassen. Diese Frau habe ich mein ganzes Leben lang nicht vergessen. Sie sagte, egal, was sie dir antun, hasse nicht. Unglaublich.

Viele bekamen Typhus in Auschwitz, und eines Tages sagte Edith: „Ich habe Fieber, ich glaube es ist Typhus." Edith mußte zur Krankenstation, und ich bekam wieder Angst. Vor dem Wecken ging ich hin, und nur der Kapo war da. Sie sagte mir, wenn ich ihr mein Brot gäbe, könnte ich die Leichen hinaustragen und dann meine Schwester sehen. Ich war gerade mal fünfzehn, und vor Auschwitz hatte ich noch keinen Toten gesehen. Dann sagte ich mir, daß dies Leute waren, die noch gestern geredet hatten, herumgelaufen waren – sie waren so wie ich. Also trug ich die Leichen hinaus auf einen Haufen, wo man sie abholte, und schließlich erlaubte mir der Kapo, Edith zu sehen. Nachdem ich das ein paar Tage lang wiederholt hatte, ging ich zu Edith und

sagte: „Stell dich tot, und ich trage dich mit den Leichen hinaus." So entkam Edith aus der Krankenstation, und wir waren wieder zusammen.

Oft hörten wir das Geräusch von Detonationen, aber es war sehr weit entfernt. Immer schneller holten sie nun jeden Tag Leute ab. Jeden Tag Selektionen. Am 7. Oktober ließen sie die Kinder antreten und versprachen uns warme Kleidung. Wir kamen in einen Raum, wo man uns befahl, uns auszuziehen und die Schuhe auf einen gesonderten Haufen zu legen; man wolle uns desinfizieren und uns anschließend warme Kleidung geben. Ich versprach Edith, ihr warme Kleidung für ihren Geburtstag am 14. Oktober zu besorgen. Sie brachten uns in einen dunklen Raum und schlossen die Tür. Wir warteten und warteten, doch nichts geschah. Dann öffneten ärgerliche, sehr ärgerliche SS-Leute die Tür und schrien: „Raus, so schnell ihr könnt, schnell, schnell!" Unsere Kleider lagen immer noch auf dem Haufen. Sie warfen uns die Kleidungsstücke ungeordnet zu und trieben uns schnell zu den Baracken zurück. Ich fand heraus, daß dies das einzige Mal war, daß das Gas in den Gaskammern nicht funktionierte, wahrscheinlich wegen einer Revolte in einem anderen Krematorium.

Edith und ich wurden wieder selektiert, und diesmal wurden wir verschickt. Man brachte uns nach Guben zur Arbeit in einer Munitionsfabrik der IG Farben. Nach Weihnachten kamen die Bombardements immer näher. Gerüchte machten die Runde, daß man uns wegbringen werde. Plötzlich marschierten wir durch das Land; jeder, der nicht mehr laufen konnte, wurde erschossen. Edith wurde zunehmend schwächer.

In einem Ort namens Groß Rosen sperrte man uns zur Übernachtung in eine Scheune. Als am Morgen die Pfeife erklang, stellten sich Edith und ich sowie eine Familie namens Ibi taub. In der Nacht hatten wir ein Loch gegraben, waren hineingeklettert und hatten uns mit Heu bedeckt. Die SS kam in die dunkle Scheune zurück, aber sie konnten uns nicht finden. Später trafen wir auf diesem Bauernhof entflohene italienische Kriegsgefangene, die uns schützten und uns versprachen, ein Versteck im Wald zu bauen. Aber bevor sie dazu kamen, entdeckte uns ein SS-Mann und brachte uns zu unserer Gruppe zurück.

Schließlich wurde unsere Gruppe auf einen Viehzug nach Bergen-Belsen verladen. Bergen-Belsen war die schlimmste Hölle auf Erden. Man kann keine Worte dafür finden. Sechs Tage vor der Befreiung hörten sie auf, uns Essen zu geben. Endlich kam jemand herein und sagte: „Ihr seid befreit." Ich fragte Edith, was das bedeutet, und sie sagte: „Frei, wir sind frei." Also stand ich irgendwie auf, um mir die Freiheit anzusehen, bevor sie wieder verschwand. Ich sah das Rote Kreuz. Ich konnte kaum laufen. Edith sagte, wenn wir nun frei seien, „dann muß es auch ein Krankenhaus geben. Bring mich in ein Krankenhaus."

Edith wurde in einen Krankenwagen gebracht, und ich wollte bei ihr im Krankenhaus bleiben, aber die Soldaten sagten, ich müsse in die Baracken zurück. „Aber in ein paar Tagen kommst du raus und wirst wieder mit ihr zusammensein." Ich habe Edith nie wiedergefunden.

Fünfzig Jahre habe ich nach Edith Lok gesucht. Vor kurzem erhielt ich einen Brief aus Bergen-Belsen, in dem es hieß, auf ihrer Liste sei niemand mit dem Namen Edith Lok, aber sie hätten eine Edith Schwarz. Da fiel mir ein, daß wir verabredet hatten, daß sie den Mädchennamen

Alice und ihre Familie in Bergen-Belsen, nachdem sie das Kaddisch-Gebet für ihre Schwester gesprochen haben. Von links nach rechts: Alice, Rabbi Moshe, Karen, David, der von Ida gehalten wird, Rina, Tamira, Rabbi Michael und Rabbi Ronny.

Alice Lok Cahana in ihrem Atelier.

unserer Mutter benutzen sollte, damit uns die SS nicht als Familienangehörige trennen würde.

Jetzt werde ich nach Bergen-Belsen fahren, damit mein Mann mit meinen Kindern und mir zusammen ein Gebet sprechen kann, und wir werden Edith Schwarz symbolisch beerdigen. Aber es gibt noch viele Menschen, die wie ich noch immer auf der Suche sind, denn für uns war die Befreiung nicht der letzte Tag.

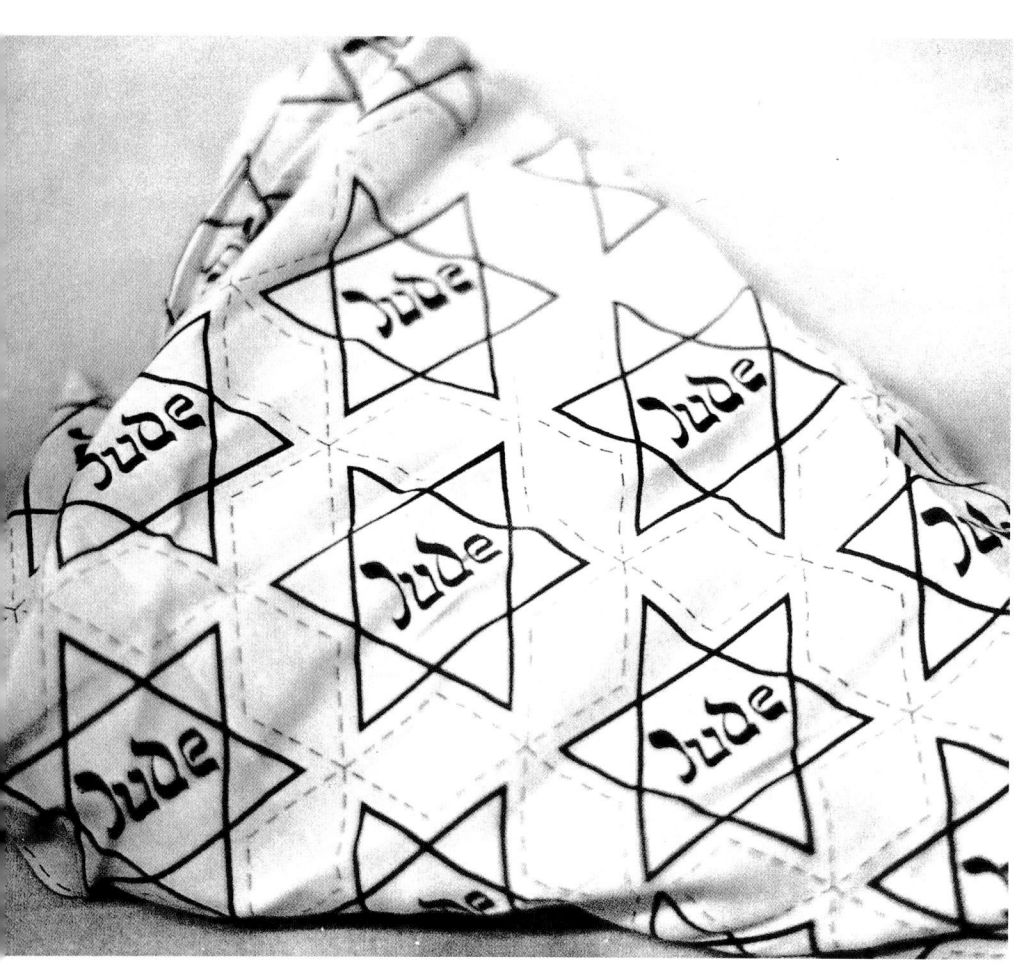

Mit gelben Davidssternen und dem Schriftzug „Jude" bedruckter Stoff.

Der Eingang zum Ghetto von Munkács, Ungarn, im Frühjahr 1944.

GHETTOISIERUNG

Eine junge Familie erduldet die menschenunwürdigen Lebensbedingungen in einem Ghetto in Zalaegerszeg, Ungarn (Frühjahr 1944).

Ghettoisierung

Ein jüdisches Ehepaar mit Judenstern im Budapester Ghetto (Januar 1945).

Ein Plakat weist im Frühjahr 1944 die Bewohner von Munkács (Ungarn) an, dem jüdischen Ghetto fernzubleiben.

Ein jüdischer Mann trauert neben den Leichen zweier Frauen, die während eines Pogroms in Budapest (Ungarn) im Oktober 1944 von Pfeilkreuzlern ermordet wurden.

GHETTOISIERUNG 81

Irene Zisblatt

Ich wuchs in Polena auf, einem Kurort in den Karpaten. Es war eine kleine Stadt, die zu jener Zeit zu Ungarn gehörte. Aus dem ganzen Land kamen die Leute zu uns, um das Heilwasser zu trinken, und nur dann bekamen wir auch einmal Autos zu sehen. Es gab zwei Hauptstraßen, ein Postamt, ein Rathaus, eine Kirche und eine Synagoge, in der die *Cheder* abgehalten wurde, ein Nachmittagsunterricht für jüdische Kinder. Wir hatten Gänse und Hühner und lebten von Obst und Gemüse, das wir auf unseren Feldern anbauten. Nur solche Dinge wie Zucker, Salz und Kaffee kauften wir im Lebensmittelgeschäft. Unser Leben in dieser Kleinstadt verlief wie das vieler anderer jüdischer Familien in Ungarn auch. Wir besaßen nicht viel, doch unser Leben hatte einen Sinn, und ich war glücklich. Ich glaube, es gab zweiundsechzig jüdische Familien dort, das war etwas mehr als ein Drittel der Bevölkerung. Jeder kannte jeden, man hatte die gleichen Freunde und half sich gegenseitig. Wir waren sechs Kinder in meiner Familie.

Ich wuchs mit dem Gefühl auf, daß auch Nichtjuden unsere Freunde waren. Wir waren sehr strenggläubig, deshalb kamen sie in unser Haus und erledigten für uns Dinge, die Juden am Sabbat oder an Feiertagen untersagt sind: Sie löschten das Licht und zündeten Kerzen oder die Kerosinlampe an, denn wir hatten noch keinen Strom. Ich glaubte, wir würden immer Freunde bleiben, doch schon bald wurden sie meine Feinde, und ich verstand nicht, warum.

1939, ich muß neun Jahre alt gewesen sein, verkündete der Lehrer in der Schule, alle jüdischen Kinder müßten nach Hause gehen, da sie in der Schule nicht länger willkommen seien. Die nichtjüdischen Kinder sahen uns so merkwürdig an, daß ich weinen mußte. Doch die jüdische Gemeinde richtete es so ein, daß wir jeden Tag zur

Irene Zisblatt (mit Weste), begleitet von ihrer Tochter Robin (mit Kamera), lacht mit einer Freundin aus Kindertagen, die sie seit fünfzig Jahren nicht gesehen hat.

Irene in ihrer Heimatstadt Polena (um 1937).

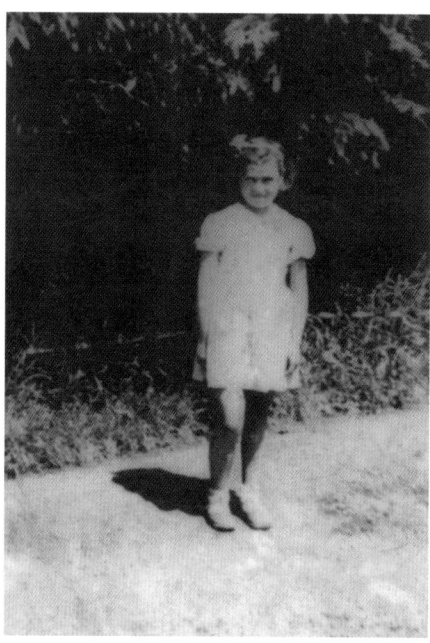

Cheder gehen und dort bis zum Beginn der Ausgangssperre lernen konnten. Denn zur gleichen Zeit, als man uns den Schulbesuch verbot, erließ man für uns auch eine Ausgangssperre: zwischen sechs Uhr abends und acht Uhr morgens war es Juden verboten, ihre Häuser zu verlassen. Dann begann man, uns alles wegzunehmen: unsere Geschäfte, die Pässe. Mein Vater und sein Cousin übergaben ihr Geschäft einem Nichtjuden, einem Ungarn, mit dem sie ausgemacht hatten, daß er es ihnen nach dem Krieg zurückgeben sollte, wenn wir wieder Geschäfte führen durften. Die Juden wurden nun aufgespürt und geschlagen, jüdische Häuser überfallen. Ich erinnere mich an einen Freitag. Bevor der Gottesdienst vorüber war, trug man mir auf, alle Gebetbücher und Gebetsschals aus der Synagoge nach Hause zu bringen. In dieser Nacht bewarfen die Stadtbewohner, von denen viele vorher unsere Freunde gewesen waren, die Synagoge mit Steinen und zerstörten all die schönen Bleiglasfenster. Viele Leute wurden dabei verletzt.

Bis 1944 bekamen wir in unserer Stadt keinen Nazi zu Gesicht. Alles, was geschah, wurde von der ungarischen Polizei und jungen Männern aus unserer Gegend verübt, die Nazibefehlen gehorchten. Sie machten die Juden ausfindig und schikanierten sie: Menschen verschwanden, und wir wußten nicht, was mit ihnen geschehen war. Unser Leben wurde immer schwieriger: Unsere Vorräte gingen zur Neige, und unsere nichtjüdischen Freunde – wir hatten geglaubt, sie wären unsere Freunde – halfen uns nicht, weil sie sich selbst für ärmer hielten als uns. Die Nazi-Besatzung unserer Stadt bestand lediglich aus zwei Motorrädern, denn die Gegner wohnten schon unter uns. Alle Bewohner, die wir all die Jahre für Freunde gehalten hatten, wandten sich von uns ab und wechselten die Seiten.

Meine Eltern hatten nie mit uns darüber gesprochen, aber ich wußte, daß Polen überfallen worden war, weil viele Polen über die Grenze kamen. Doch trotz allem, was wir von polnischen und slowakischen Juden hörten, denen die Flucht gelungen war, wußten die meisten ungarischen Juden absolut nichts über die Todeslager der Nazis und waren davon überzeugt, daß sie irgendwie den Krieg überleben würden.

Dann wurden die Juden zusammengetrieben. Weil es in unserer Stadt eine Eisenbahnlinie gab, brachte man die Juden aus den umliegenden Städten zu unserer Schule, um sie von dort aus nach Munkács ins Ghetto zu schaffen. Viele Leute versuchten, sich in Erdbunkern oder Höhlen zu verstecken. Mein Vater und sein Bruder zogen auf dem Dachboden doppelte Wände ein und deponierten dort Wasser, getrocknete Früchte und Bettzeug. Als die Übergriffe durch die pro-Nazi *Nyilas*, die Pfeilkreuzler-Partei, zunahmen, bezogen wir unser Versteck. Ein Freund meines Vaters, der in der ungarischen Armee war, versiegelte unser Haus von außen, so daß es aussah, als ob niemand da wäre. In den wenigen Wochen, in denen wir uns dort versteckten, verließ ich abends, wenn es dunkel war, unser Haus durch ein Fenster an der Rückseite, um eine Zeitung und etwas zu essen aufzutreiben und herauszufinden, was vor sich ging. Aber dann brachen sie unsere Haustür auf und entfernten die Wände, sie wußten genau, wo wir waren. Sie ließen uns ein paar Minuten Zeit, um unsere Wertsachen zusammenzupacken, und führten uns aus dem Haus ab. Und unsere Freunde, unsere sogenannten Freunde und Nachbarn, standen an der Straße und schrien: „Es wird langsam Zeit, daß ihr verschwindet, wir brauchen keine Juden in unserer Stadt." Ich konnte nicht glauben, was ich sah und hörte: Das waren Menschen, mit denen ich zur Schule gegangen war. Wir waren Freunde. Warum verhielten sie sich uns gegenüber so feindlich? Warum haßten sie uns plötzlich?

Man brachte uns ins Ghetto, das aus ein paar Straßenzügen rund um eine Ziegelei bestand. Alle Häuser waren bereits überfüllt, als wir ankamen. Also bauten wir uns aus Tischtüchern und Laken, was wir eben in unseren Koffern hatten, ein kleines Zelt und lebten darin. Von der Stadt trennte uns ein Zaun mit einem hohen Tor. Überall waren Wachen mit großen deutschen

Die Eisenbahnschienen hinter dem Haupteingang von Auschwitz-Birkenau.

Irene und ihre Tochter Robin besuchen das Ghetto von Munkács.

Schäferhunden an kurzen Leinen. An einer Seite des Ghettos war ein Fluß, und jenseits des Flusses, auf einem hohen Berg, befand sich ein Gefängnis mit weiteren Wachen, deren Maschinengewehre immer auf das Ghetto gerichtet waren. Ich habe keine Ahnung, wie viele Menschen dort waren, aber es müssen Tausende gewesen sein, denn man hatte sie aus dem ganzen Bezirk hierher gebracht. Jeden Morgen wurden die Jungen und Männer zusammengetrieben, um an der Eisenbahnstrecke zu arbeiten, die ins Ghetto führte. Eines Tages ging ich zum Fluß, um ein paar Kleidungsstücke zu waschen, als eine Wache auf mich zukam und sagte: „Du bist keine Jüdin, was machst du hier im Ghetto?" Er bot mir an, mich nach Polena zurückzubringen. Ich glaube, er wollte mich retten, doch ich sagte: „Ich muß hierbleiben, weil meine Familie hier ist." Ich lief davon und erzählte meiner Mutter, was passiert war, und sie schickte mich nie wieder an den Fluß, um Wäsche zu waschen.

Es war schlimm dort; wir hatten nicht genug zu essen, obwohl uns die Leute in Munkács, die noch in ihren eigenen Häusern lebten, und das Rote Kreuz manchmal Pakete schickten – ein Laib Brot oder eine Salami, die sich bis zu hundert Menschen teilten. Das alles verwirrte mich, ich fühlte mich verloren und sehr, sehr traurig. Ich fühlte mich wie ein Nichts, ein Niemand.

Und eines Tages war dann die Eisenbahnlinie fertig. Der Zug kam in der Nacht, und es wurde bekanntgegeben, daß jeder, der nach Tokaj fahren wollte, um in den Weinbergen zu arbeiten, einsteigen sollte. Alle fuhren gerne mit. Wo wir waren, war die Hölle, und in einem Weinberg zu arbeiten schien wie das Paradies. Wir durften nur einen Koffer pro Person mitnehmen, also zog ich alle Kleider, die ich besaß, übereinander. Meine Mutter sagte mir: „Ich habe Diamanten in den Saum deines Rocks eingenäht. Wenn du nicht genug zu essen hast, kannst du damit Brot kaufen, um bei Kräften zu bleiben und arbeiten zu können." Und sie sagte, ich solle behaupten, ich sei zwanzig – ich war erst dreizehn –, weil man mich dann in eine Fabrik zur Arbeit schicken würde, wo ich Essen bekäme, und so würde ich überleben. Als wir am Bahnhof ankamen, wurde uns klar, daß wir nicht mit Personenzügen reisen würden. Viehwaggons warteten auf uns. Mein Vater sagte: „Die haben keine anderen Züge, weil Krieg ist." Jeder, der sich nicht schnell bewegte, wurde geschlagen. Als ich das Geräusch draußen hörte, wie ein Riegel, der uns einschloß, wußte ich, daß etwas nicht stimmte. Ich konnte nicht glauben, daß sie keine anderen Züge mehr hatten.

Wir waren fünf Tage in diesem Zug; sie öffneten nicht ein einziges Mal die Türen,

Die letzten Tage

sie gaben uns kein Wasser, sie gaben uns nichts zu essen. Unsere Notdurft verrichteten wir in einen einzigen Eimer. Die Kinder schrien, die älteren Menschen starben, und als wir schließlich in Birkenau ankamen, lagen etliche Leichen im Waggon. Das erste, was wir sahen, als die Türen endlich geöffnet wurden, waren Hunde und Männer, die Uniformen mit SS-Runen trugen, und sie brüllten: „Dreckiger Jude, raus aus dem Zug!" Die Männer und Jungen wurden an der Tür zurückgehalten und Frauen und Kinder vom Waggon heruntergestoßen. Man befahl uns, unsere Koffer am Zug stehen zu lassen, stellte uns in Reihen zu je fünf auf und führte uns in das Lager. Dann schickte plötzlich ein Mann mit weißen Handschuhen und einem Stab die Menschen in verschiedene Richtungen. Ein anderer Mann in Uniform befahl meiner Mutter, meinen kleinen Bruder abzusetzen und meine Schwester und mich loszulassen, aber sie wollte sich nicht von ihren Kindern trennen. Er wurde sehr zornig, trieb uns mit seinem Stock auseinander und stieß meine Mutter und meine Geschwister nach links und mich nach rechts – ich habe noch heute eine Narbe, wo er mich mit dem Stock getroffen hat. Ich begann zu schreien, und die Wache stieß mich immer weiter, immer weiter. Ich hörte, wie meine Mutter rief: „Mach dir keine Sorgen, ich komme dich morgen

„Als wir ankamen, dachten wir, daß die Gefangenen krank seien – und daß der Schornstein zu der Fabrik gehörte, in der wir arbeiten würden."

besuchen", und ihre Stimme verlor sich, während wir abgeführt wurden.

Man brachte uns in dieses große Gebäude, eine Baracke: das Innere war ein unglaublich riesiger Raum, der durch Bänke unterteilt wurde. Wir standen auf der einen Seite der Bänke und auf der anderen die Männer und Frauen von der Gestapo mit ihren Hunden. Sie befahlen uns, alles auszuziehen, aber wir behielten die Unterwäsche an. Als sie uns befahlen, uns ganz auszuziehen, rührte sich niemand, also ließen sie ihre Hunde los, die ein paar von den vorne Stehenden anfielen. Wir zogen alle unsere Unterwäsche aus. Als sie uns befahlen, unsere Schuhe in die eine und die Kleider in die andere Hand zu nehmen, fielen mir plötzlich die Diamanten ein. Wir mußten unsere Schuhe und Kleider in Tonnen werfen. Im nächsten Abschnitt warteten einige Frauen mit Scheren: sie rasierten uns nicht, sondern schnitten unser Haar so kurz, daß ich bis auf den heutigen Tag ihre Scheren an meiner Kopfhaut spüre. Ich hielt die Diamanten in der Hand, und sie sagten immer wieder: „Wenn jemand noch Wertgegenstände hat, muß er sie jetzt abgeben oder er wird erschossen." Ich hielt die Diamanten, so fest ich konnte. Man befahl uns, die Schuhe in die eine und unsere Kleidung in die andere Hand zu nehmen. Ich nahm meinen blauen Rock, und, schnell, von der Menge verborgen, holte ich die Diamanten heraus und hielt sie in den Händen. Da ich keine Kleider mehr hatte, steckte ich sie mir in den Mund. Und dann, als ich wieder vortrat, sah ich, daß sie in den Mündern der Leute nachschauten. Ich konnte die Diamanten nicht herausgeben – sonst wäre ich erschossen worden. Warum hatte ich sie nicht vorher zurückgelassen? Ich wußte nicht, was ich tun sollte; und so schluckte ich sie hinunter. Nach dem Duschen gab man jedem von uns ein Paar Holzschuhe und ein einziges Kleidungsstück – ich bekam das Oberteil eines Herrenschlafanzugs – und zwang uns, uns in einem großen Spiegel zu betrachten. Ich glaube, das war der erste Schritt, uns unsere Identität zu rauben, der Beginn des Prozesses der Entmenschlichung – es ist leichter, ein Nichts zu töten als einen Jemand.

Sie brachten uns in unser neues Zuhause – eine fensterlose Baracke für tausend Menschen, Pritschen, dreistöckig, die sich jeweils zehn Menschen teilen mußten. Als Nahrung erhielten wir nur einen einzigen Eimer Suppe pro Baracke. Wir waren vollkommen von der Außenwelt abgeschnitten, wir wußten nicht, wie spät es war, wir wußten nicht, welchen Monat wir hatten. Doch irgendwie spürten wir, wann der Versöhnungstag gekommen war – die Zeit, um zu fasten und um die Toten zu trauern. Und weiß Gott, es gab viele Tote.

Ein Gitterrost in einem der winzigen Kerker im Block 10 von Auschwitz, wo Versuche an Menschen vorgenommen wurden.

Zellentür in Block 10, Auschwitz.

Eines Tages sah ich einen Lastwagen und hörte Schreie. Dann sah ich, wie zwei Kinder von dem Lastwagen fielen. Der Wagen hielt, und ich sah einen SS-Mann, der die Kinder aufhob, gegen das Auto schlug und blutend zurück auf den Wagen warf. In diesem Moment habe ich aufgehört, mit Gott zu sprechen.

Viele Leute konnten den Schmerz nicht mehr ertragen, die Zustände: den Hunger und Läuse so groß wie mein Fingernagel, die sich in unsere Körper eingegraben hatten. Wenn der Strom angeschaltet wurde, stürzten sie sich in den elektrischen Stacheldraht, um Selbstmord zu begehen.

Dann wurden wir bestraft. Für jeden, der sich in den Zaun stürzte, suchten sie hundert Mitgefangene heraus und töteten sie als Warnung vor unseren Augen. Sie ließen uns nicht einmal dann sterben, wenn wir es wollten. Dann dachte ich, sie nahmen mir meine Eltern, sie nahmen mir meine Identität, sie nahmen mir meine Geschwister, sie nahmen mir meinen Besitz. Es gibt etwas, das sie von mir wollen. Und ich dachte an meine Seele, und an dieser Stelle beschloß ich, aus diesem Dreck herauszukommen, zu kämpfen und nicht zu Asche zu werden.

Bei dem zweimal am Tag stattfindenden Zählappell wurde darüber entschieden, wer in die Gaskammer kam oder für Versuche herhalten mußte. Ich wurde für vier Versuche ausgesucht. Beim ersten Mal untersuchte Mengele unsere nackten Körper, um sicherzugehen, daß wir gesund waren. Dann wurden fünf von uns in das Lager Auschwitz gebracht, das neben Birkenau lag, und man tat uns Tropfen in die Augen. Dann wurden wir in einen Kerker gesperrt, nicht größer als eine Toilette, wo wir bis zu den Knöcheln im Wasser standen. Bei geschlossener Tür war es stockdunkel. Ich weiß nicht, wie lange wir dort drin waren – drei Tage, fünf Tage oder einen oder vielleicht nur eine Stunde – es schien eine Ewigkeit zu sein. Sie öffneten die Tür niemals, und sie gaben uns weder zu essen noch zu trinken. Also tranken wir das Wasser, in dem wir standen, das Wasser, in das wir auch unsere Notdurft verrichteten. Dann holten sie uns heraus, untersuchten unsere Augen und brachten uns zurück in die Baracken. Einige konnten ein paar Tage später immer noch nicht wieder sehen. Später fanden wir heraus, daß sie versucht hatten, die Farbe unserer Augen zu ändern. Am nächsten Tag wurde ich zur Arbeit in einen Teil des Lagers geschickt, der ‚Kanada' genannt wurde, weil dort alles im Überfluß vorhanden war. Hier wurden all die Besitztümer gesammelt, die die Leute mit in das Lager gebracht hatten – Kleider, Schmuck, Leuchter – und nach Deutschland geschickt. Alles gab es hier, während um uns herum die Menschen an Hunger und Durst starben. Ein paar Tage später wurde ich für ein neues Experiment ausgesucht. Diesmal banden sie uns auf einem rostigen, schmutzigen Tisch fest und injizierten irgend etwas in die Haut unter den Nummern, die sie uns auf den Arm tätowiert hatten. Dann begannen sie ohne Betäubung an uns herumzuschneiden. Wir bekamen kaum mit, was sie mit uns machten, weil wir vor Schmerz besinnungslos waren. Dort gab es eine Krankenschwester, sie füllte Formulare aus und führte Buch. Nach dem Experiment befahl man der Schwester – sie war Jüdin –, uns eine tödliche Spritze zu geben. Aber sie rettete uns das Leben, indem sie uns in den Tuberkulose-Raum brachte. Sie wußte, daß die Ärzte und die Gestapo diesen Raum aus Angst vor Ansteckung nicht betreten würden.

Fünfzig Jahre lang habe ich nichts über den Holocaust gelesen, und wenn ich mit anderen Überlebenden zusammen war, redete ich mit ihnen nicht darüber. Ich hatte genug mit meinem eigenen Schmerz zu tun, ich brauchte ganz sicher nicht noch den von anderen. So kamen wir immer nur zusammen, wenn es um glückliche Ereignisse ging. Als ich 1994 zum ersten Mal nach Birkenau zurückkehrte, konnte ich immer noch nicht darüber reden. Aber als ich das Lager betrat, sah ich es, wie es 1944 gewesen war. Ich erlebte noch einmal den Marsch der 6.000 Kinder, die direkt aus dem Zug zur Gaskammer gingen. Ich sah

Der elektrisch geladene Stacheldrahtzaun um Auschwitz-Birkenau. Gefangene, die die Bedingungen nicht aushalten konnten oder wollten, begingen Selbstmord, indem sie in den Zaun hineinrannten.

noch einmal die nackten Zigeuner. Ich war auch nackt, und einer der Zigeuner nahm meine Hand, weil ich allein war. Aber ich habe mich mit aller Kraft dagegen gewehrt, hineinzugehen, und hielt mich am Türrahmen fest. Und – zu meinem großen Glück – war die Gaskammer so überfüllt, daß ich im Weg stand, als sie der Wache befahlen, die Tür zu schließen, um das Zyklon-B freizusetzen. Die Wache griff mich und stieß mich hinaus, ehe sie die Tür schlossen. Ich versteckte mich unter dem Dach des unterirdischen Krematoriums, weil ich wußte, daß ich mit dem nächsten Transport, der hereinkam, in die Gaskammer gehen müßte. Ich hörte die Schreie und das Flehen, und die Zigeuner redeten mit Gott, als ob Gott da wäre, aber er half ihnen nicht. Da waren sogar Kleiderhaken neben der Tür zu den Gaskammern, damit wir dachten, wir würden duschen und dann unsere Kleidung wieder nehmen. Sobald es still geworden war, ging die Gestapo weg, und ein ‚Sonderkommando‘ kam, holte die Leichen aus der Gaskammer und verbrannte sie. Ich konnte immer noch das Gas vom vorherigen Transport riechen, vermischt mit dem Gestank der brennenden Leichen, der immer da war. Das ist eine Erinnerung, die ich mit in mein Grab nehmen werde.

Die ganze Zeit, die ich im Lager war, schluckte ich jedes Mal, wenn ich für ein Experiment ausgesucht wurde, die Diamanten hinunter. Ich hatte nie die Gelegenheit, Brot dafür zu kaufen, aber ich hoffte, vielleicht morgen, vielleicht übermorgen. Sie waren das einzige, was ich von meiner Mutter hatte. Es war, als ob ich damit meine Mutter in den Armen hielt. Einmal am Tag durften wir zur Latrine gehen, aber ich hockte mich niemals über das Loch, weil ich meine Diamanten wiederfinden mußte. Einmal ging eine SS-Frau an der Tür vorüber und sah mich in der Ecke sitzen. Ich hatte die Diamanten schon in der

Mitglieder einer Regierungskommission bei der Untersuchung von Säcken mit dem Haar ermordeter weiblicher Gefangener. Auschwitz, Mai 1945.

Hand. Normalerweise spülte ich sie im Schlamm oder in der Suppe ab, die wir bekamen. Aber dazu war keine Zeit mehr, ich schluckte sie also herunter, bevor sie da war und mein Gesicht in den Kot drückte.

Ja, die Diamanten waren auch auf dem Todesmarsch in meinem Körper. Als sich der Krieg seinem Ende näherte, brachten die Nazis viele Leute aus den Lagern, weg von den nahenden Alliierten, nach Bergen-Belsen. Der Todesmarsch fand im Winter 1945 statt, und die, die nicht Schritt halten konnten, wurden einfach am Wegesrand erschossen. Wenn jemand davonzulaufen versuchte, wurde er auch erschossen. Es war kalt und schneite, wir hatten keine Kleider und nichts zu essen. Einige Leute hatten Decken, die wir auseinanderrissen

Wer auf dem Todesmarsch nicht Schritt halten konnte, wurde einfach erschossen und am Straßenrand liegen gelassen, wie dieses Opfer außerhalb von Auschwitz im Winter 1945.

Irene Zisblatt bei ihrer Aussage für die Shoah Foundation.

und uns um die Füße wickelten. Ich entkam, als wir siebzehn Kilometer vor unserem Ziel waren, einem Lager mit Gaskammern. Wir fanden eine Kartoffel, teilten sie untereinander und schliefen ein. Wach wurden wir erst, als uns jemand mit einem Gewehr anstieß. Wir sahen diese großen, kräftigen Menschen, konnten aber nicht verstehen, was sie sagten. Es waren nur zwei, und dann öffnete der eine sein Hemd und zog seine Erkennungsmarke heraus, und daran hing eine *Mezuzah*. Ich hatte nicht geglaubt, daß irgendein Jude überlebt hatte, und als ich das sah, klammerte ich mich an ihn und versuchte die *Mezuzah* zu küssen. Es waren amerikanische Soldaten, das schönste Geschenk der Welt, und zum ersten Mal glaubte ich wieder an die Existenz Gottes. Als sie mich fragten, was ich zu essen haben wollte, sagte ich: „Ich will nur einen ganzen Laib Brot, den ich nicht mit vierzig Leuten teilen muß." Ich war vierzehn Jahre alt und wog wohl nicht einmal vierzig Pfund.

1994 ging ich zur Gaskammer Nr. 2, in der meine ganze Familie vergast worden ist, und stellte dort zur Erinnerung eine Tafel und Kerzen auf. Ich glaubte, meine ganze Familie wieder zu sehen, am *Seder*tisch, und da war ein leerer Stuhl am Tisch. Ich wußte, daß es mein Stuhl war, und ich wußte auch, daß mein Großvater nicht mit dem *Seder* beginnen würde, bis alle am Tisch Platz genommen hätten. Ich begann auf meinen Stuhl zuzugehen, aber meine Mutter sagte: „Du kannst dich nicht auf diesen Stuhl setzen, noch nicht, du hast noch vieles zu tun, bevor du dich hier hinsetzt. Ich möchte, daß du mir versprichst, nie wieder um mich zu weinen."

Ich kratzte ein wenig Asche zusammen, die da immer noch war, und nahm ein paar kleine Steine mit, symbolische Grabsteine für jedes Mitglied meiner Familie, das hier umgekommen war. All das nahm ich mit nach Israel, um es dort zu beerdigen. Jetzt habe ich das Gefühl, daß sie nicht mehr in Auschwitz sind. Aber als ich 1996 noch einmal zurückkam, sah ich meine kleine viereinhalb Jahre alte Schwester vor mir, sie weinte, weil sie so fror. Später bat mich meine Tochter um die Erlaubnis, daß ihre

Tochter die *Bat Mitzwa* zusammen mit meiner Schwester erhielt. Es hat mich tief berührt, daß jemand diese Zeremonie für sein Kind mit einem Kind abhalten lassen will, das nicht mehr lebt. Die *Bat Mitzwa* für ein Kind zu feiern, das in Auschwitz umgekommen ist, gibt mir ein ganz großartiges Gefühl, weil ich nun weiß, daß meine Schwester nie vergessen wird.

Ich glaube, das Geschäft meines Vaters gehört jetzt der ukrainischen Regierung, und ich habe weder einen legalen noch einen moralischen Anspruch auf irgendeinen Teil davon. Aber ich hätte gern etwas, das meinen Eltern und Großeltern wichtig war, vielleicht einen Leuchter oder einen Gebetsschal. Ich liebe meine Stadt, und sie scheint mir malerisch und glücklich. Seit 1944 war ich das erste Mal wieder dort, und ich wurde – auf eine sehr nette Art und Weise – gefragt, ob ich vorhätte, mein Eigentum zurückzuverlangen und dort zu leben. Ich antwortete: „Nein, ich wollte meinen Kindern einfach die Stadt zeigen, in der ich aufgewachsen bin, und ich wollte sie selbst noch einmal sehen, bevor ich sterbe."

Es gibt eine ganze Reihe von Dingen, die ich immer noch für mich behalte, weil sie zu schrecklich sind, um darüber zu sprechen. Es vergeht kein Tag, an dem ich nicht an meine Familie denke. Heute ist der Geburtstag meines Vaters, und ich habe zu seinem Gedenken zu Hause eine Gedächtniskerze aufgestellt. Er wurde 1908 geboren, wäre heute also neunzig Jahre alt. Er und meine beiden jüngeren Brüder, sie waren elf und neun Jahre alt, als sie starben, gingen direkt in die Gaskammer. Ich habe überlebt, weil mir andere Leute geholfen haben, wie die Krankenschwester oder der Junge, der mir seine Jacke gab, als ich mich unter dem Dach des Krematoriums versteckte.

Ich habe die Diamanten durch alles hindurch gerettet, und zehn Jahre nach dem Krieg, als ich in den Vereinigten Staaten war, ließ ich sie in einen tränenförmigen Anhänger fassen, weil ich jedes Mal, wenn ich sie rettete, so sehr weinte. Daher halte ich die Tränenform für angemessen. Ich habe meinen Kindern gesagt, daß diese Diamanten einzig und allein dazu bestimmt sind, Brot zu kaufen. Und daß sie sie nur verkaufen dürfen, falls – was Gott verhüten möge – sie Nahrung zum Überleben brauchen. Sie sollen von Generation zu Generation weitergegeben werden, immer an das erstgeborene Mädchen der Familie.

Der tränenförmige Anhänger mit den Diamanten, die Irene vor der Deportation aus dem Ghetto von ihrer Mutter erhielt.

96 Die letzten Tage

Ungarische Juden werden in
Viehwaggons gesperrt und in die
Konzentrationslager deportiert.
Oben: Balatonfüred, Ungarn,
1944.
Rechts: Soltvadkert, Ungarn,
1944.

Deportation und Selektion

98 DIE LETZTEN TAGE

Deportation am Bahnhof von Kőszeg, Ungarn, im Mai 1944. Frauen, Kinder und Alte warten auf den Zug, während hinter ihnen ein Lastwagen mit Koffern und Kisten beladen wird.

Ungarische Gendarmen bewachen in Kőszeg die letzten Vorbereitungen beim Beladen eines Deportationszuges mit dem Ziel Auschwitz, Mai 1944.

Deportation und Selektion

Die letzten Tage

Links: *Nach der Selektion in Auschwitz-Birkenau wird diese Gruppe von Juden zu den Krematorien IV und V gebracht, die an der Straße zwischen den Lagern BIIc und BIId liegen (1944).*

Oben und rechts: *Vorbereitungen für die Selektion ungarischer Juden in Auschwitz-Birkenau im Jahr 1944. Gesunde und Starke werden von den Kranken, Alten und sehr Jungen getrennt.*

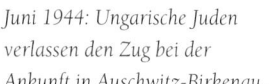

Juni 1944: Ungarische Juden verlassen den Zug bei der Ankunft in Auschwitz-Birkenau.

Diese Frau und die Kinder wurden „selektiert" und gehen zu den Krematorien IV und V, wo sie vergast werden. Auschwitz-Birkenau, 1944.

Viele Ungarn hatten vor ihrer Ankunft im Lager noch nichts von Auschwitz gehört. Sie ahnten nicht, daß die Zukunft Sklaverei oder Tod bedeutete. Auschwitz-Birkenau, 1944.

Die letzten Tage

DEPORTATION UND SELEKTION

„Sie nahmen mir meine Eltern, sie nahmen mir meine Identität, sie nahmen mir meine Geschwister, sie nahmen mir meinen Besitz . . . Meine Seele sollten sie nicht bekommen."

Irene Zisblatt

„Zu dem Zeitpunkt, an dem meine Schwester und ich abgefertigt worden waren, war unsere Mutter bereits nicht mehr am Leben."

Renée Firestone

Bill Basch

Szaszovo (Tiszaszászfalu) war ein kleines ruthenisches Dorf in den Karpaten. In der hauptsächlich durch Landwirtschaft geprägten Gemeinde lebten etwa 3.000 Nichtjuden, die meisten von ihnen griechisch-orthodoxe Kleinbauern, und 35 bis 40 jüdische Familien. Zu unserem Haushalt gehörten neben meinen Eltern, zwei älteren Brüdern und zwei jüngeren Schwestern auch noch ein Onkel und eine Tante. Sie hatten meine Mutter im Alter von vier Jahren adoptiert, als sie Waise wurde. Mein Vater war Inhaber des größten Geschäfts im Dorf, zu dem ein Lebensmittelladen und ein Alkoholausschank sowie ein Holzhandel gehörten. Da die meisten Menschen im Dorf Analphabeten waren, las und unterzeichnete mein Vater alle offiziellen Dokumente für sie. Und wir waren die einzigen, die ein Radio besaßen. Am Sonntagmorgen, wenn die Nichtjuden aus der Kirche kamen, öffneten wir unsere Fenster, und an manchen Tagen saßen bis zu 300 Leute vor unserem Haus, um sich das Programm des Senders Budapest anzuhören. Meine Familie wurde in dem Dorf als Quelle der Stärke respektiert, und dies um so mehr, als mein Vater und der Pfarrer enge Freunde waren.

Wir hatten eine kleine *Schul*, eine kleine Synagoge, waren aber zu wenig Juden am Ort, um einen Rabbi bezahlen zu können. Einen *Shochet*, der die Schlachtung der Tiere nach dem jüdischen Ritus vornahm, gab es allerdings. Wenn eine Familie drei Söhne hat, soll der biblischen Tradition nach der jüngste die Tora studieren. Obwohl mein Vater kein sehr religiöser Mann war, hatte er diesen Traum – ich sollte Rabbi werden.

Mein Leben damals war bittersüß; ein wunderbares, an Traditionen orientiertes Leben im Schatten der Synagoge und viel

Die Verhaftung eines jüdischen Widerständlers durch die ungarische Polizei in Budapest, Dezember 1944.

Bill Basch mit seinem Sohn Martin bei der Rückkehr in das KZ Dachau in Deutschland.

Liebe von meinen Eltern. Doch sobald wir aus dieser Welt hinaustraten, spürten wir den Antisemitismus, der uns entgegenschlug. Bei den Kindern des Dorfes war er tief verwurzelt, sie glaubten noch immer, wir hätten Jesus ermordet. Die Kinder warfen auf der Straße Steine nach uns und schrien: „Jude, geh nach Palästina, du gehörst nicht hierher." Ja, wir wurden gebraucht, wir wurden respektiert, aber nicht geliebt, und man erinnerte mich ständig daran, daß ich anders war. Schon 1939 kam es in abgelegenen Dörfern zu Zwischenfällen, bei denen Juden geschlagen wurden, während die ungarischen Soldaten tatenlos zusahen. Doch das war noch kein organisierter Antisemitismus, und wir wußten, daß die Situation in Polen wesentlich schlimmer war, wo die Juden isoliert lebten und Pogromen ausgesetzt waren.

1940 allerdings drangen dann auch Berichte über polnische Juden zu uns, die aus ihren Häusern geholt und in Ghettos gebracht wurden. Doch uns Kindern verschwieg man diese grauenvollen Geschichten, und wir wußten später nicht, daß man die Juden in Vernichtungslager brachte.

Im selben Jahr begannen jedoch auch wir den zunehmenden Druck zu spüren. Eine Reihe neuer Gesetze wurde erlassen – so auch eines, das es Juden verbot, Geschäfte zu besitzen. Als immer mehr Gesetze und Verordnungen in Kraft traten, um die Geschäftsaktivitäten der Juden zu unterbinden, teilte uns mein Vater mit, daß er unseren Laden schließen und die Waren an einen Nichtjuden verkaufen müsse. Während sich ab Ende 1940 dann alle Nichtjuden im wehrdienstfähigen Alter beim Militär zu melden hatten, wurden die

Juden im gleichen Alter in Arbeitslager gebracht. Zunächst durften die Männer noch alle paar Monate nach Hause kommen, und mein Vater betrieb nebenher einen kleinen Holzhandel. Doch dann wurde auch das verboten, und wir waren damit jeder Lebensgrundlage beraubt. Also begann mein Vater schließlich, selbstgemachten Wein zu verkaufen und – wegen ihrer Wolle – Angorakaninchen zu züchten, was ein sehr schmerzhafter Abstieg für ihn war.

1942 hatten wir die ganze Tragweite des Problems erkannt, und als es meinem Vater nicht gelang, amerikanische Visa für die Familie zu bekommen, fällte er eine folgenschwere Entscheidung. Wir saßen beim Passah-Mahl, als er uns mit Tränen in den Augen sagte, er fürchte, dies sei unser letztes gemeinsames *Seder*. Er habe beschlossen, daß sich die Familie aufteilen müsse. Die Mädchen seien noch zu jung, um allein zurechtzukommen, aber wir Jungen sollten jeder in eine andere Stadt gehen. Er hoffte,

Mehr als fünfzig Jahre später geht Bill noch einmal mit seinem Sohn innerhalb des Stacheldrahtzauns von Dachau.

daß so wenigstens einige von uns überleben würden. Im Herbst 1942, ich war fünfzehn, brachte mich meine Mutter nach Budapest, wo ich als Lehrjunge arbeiten sollte. Lohn oder Essen bekam ich für meine Arbeit nicht, als Bett diente mir ein Zuschneidetisch. Mehrere Monate schlug ich mich so durch, darauf angewiesen, daß Verwandte oder Bekannte mir etwas zu essen gaben.

Als sich die Situation weiter zuspitzte, stellte ich fest, daß selbst in Budapest Juden und Nichtjuden isoliert voneinander lebten. Zu diesem Zeitpunkt wurden die Juden bereits in Arbeitslager gebracht. Unsere Freiheit wurde stetig weiter beschnitten, und der Druck nahm immer mehr zu.

Ich hatte seit einiger Zeit nichts mehr von meiner Familie gehört, als ich eine Postkarte von meiner Mutter erhielt, auf der es hieß: „Lieber Sohn, wir sind von der deutschen Regierung repatriiert worden. Wir leben und arbeiten jetzt auf einem Bauernhof, sind aber zusammen und gesund. Mach Dir also keine Sorgen." Die Deutschen wollten nicht, daß die in Budapest lebenden Juden etwas über Auschwitz erfuhren, deshalb hatten sie Postkarten mit diesem vorformulierten Text drucken lassen, den meine Mutter dann unterschreiben mußte. Ich wollte glauben, daß sie zusammen und am Leben waren, auch wenn ich damals bereits daran zweifelte. Es ist erstaunlich, welche Lügen wir zu akzeptieren bereit sind, um das Unmögliche zu glauben und die schreckliche Wahrheit nicht wahrhaben zu müssen. Erst später erfuhr ich, daß meine Familie zu einer Ziegelei in der Stadt Nagyszöllös (tschechisch Sevluš, heute Vinogradov in der Ukraine) und von dort nach Auschwitz deportiert worden war.

Von den Vernichtungslagern hatten wir bereits nach der Ankunft polnischer Jugendlicher gehört, die aus dem Warschauer Ghetto geflohen waren. Sie konnten nirgendwo hingehen, nur nach Budapest, so daß sich hier einige tausend junge

Bill Basch und sein Sohn in Dachau. Das hebräische Wort an der Wand im Hintergrund ist „Yizkor" – „Erinnere Dich!"

Polen aufhielten. Zu jener Zeit hatte ich mich schon dem Untergrund angeschlossen, und wir taten alles in unserer Macht Stehende, um ihnen die Flucht nach Rumänien zu ermöglichen. Gemeinsam mit jüdischen Organisationen versuchten wir, sie von dort aus nach Palästina zu schleusen. Ursprünglich war vorgesehen, daß ich als Mitglied der Organisation mit dem letzten Schiff Europa verlassen sollte. Doch da ich fließend Ungarisch sprach, mich in Budapest gut auskannte und falsche Papiere ausliefern konnte, bat man mich, noch zu bleiben. Und dann war es zu spät: Horthy wurde gezwungen abzudanken, und die Nazis besetzten Budapest. Das war das Jahr 1944, in dem Raoul Wallenberg nach Budapest kam, und ich begann, für ihn zu arbeiten.

Schon vorher hatten wir begonnen, in einer ehemaligen jüdischen Turnhalle falsche Papiere zu drucken, doch erst nach Wallenbergs Ankunft arbeiteten wir systematisch. Selbstverständlich wäre Wallenberg allein nie so erfolgreich gewesen, er hatte Hunderte von jungen Helfern, die meisten wie ich kaum älter als sechzehn Jahre. Unsere Hauptaufgabe war es, Dokumente, die in Wallenbergs Büro ausgestellt wurden, zu vervielfältigen. Die Kopien sahen sehr echt aus, und wir verteilten sie an Leute, die nicht in der Lage waren, sich direkt an Wallenbergs Organisation zu wenden. Mit Hilfe von Geldspenden wohlhabender Juden konnte Wallenberg einige große Häuser erwerben, die meisten waren so gebaut, daß ein Hof in ihrer Mitte war. Diese Häuser, die deportierten Juden gehört hatten, kaufte Wallenberg billig von der deutschen Regierung, zog eine schwedische Fahne auf und brachte viele Menschen in ihnen unter. Innerhalb meiner Gruppe, die aus mehreren hundert Menschen bestand, war ich nur für zwei Dinge zuständig: das Drucken und Überbringen der Papiere. Ich sprach Ungarisch, kannte mich gut in der Stadt aus und hatte das System der Abwasserkanäle erkundet. Außerdem besaß ich einen nichtjüdischen Ausweis, falls man mich auf der Straße kontrollierte. Hätte man mich jedoch kontrolliert und durchsucht, wäre das mein sofortiges Todesurteil gewesen. Weil an den Eingängen zu den geschützten Häusern immer Wachen standen, benutzten wir die Abwasserkanäle. Denn in den Innenhöfen dieser Häuser gab es große Kanaldeckel. Ich kannte mich gut aus. Nachdem ich Lebensmittel und Pässe durch das Abwassersystem gebracht hatte, gelang es uns auch, Menschengruppen aus den Häusern und über die Grenze zu schmuggeln.

Gelegentlich besuchte Wallenberg eines der Häuser, um den Menschen Mut zuzusprechen, doch ich wollte nicht, daß er erfuhr, wer wir waren oder was wir taten.

Im Herbst 1944: Juden stehen vor dem „Glashaus" an, einem Anbau der Schweizer Botschaft in der Vadász-Straße 29, um einen „Schutzpaß" zu erhalten.

Wir wollten ihn nicht mit der Tatsache konfrontieren, daß unsere Organisation die von ihm ausgestellten Pässe und Papiere fälschte. Warum hätten wir ihn damit belasten sollen? Es war ihm jedoch völlig klar, wie viele Pässe er tatsächlich selbst ausgestellt hatte. Er war ein sehr freundlicher und mitfühlender Mensch. Es gab andere Diplomaten, die zu helfen versuchten, doch niemand war so erfolgreich wie Wallenberg, weil kein anderer derart engagiert war und von den Deutschen im gleichen Maße respektiert wurde.

Ich war noch ein halbes Kind, hatte mich aber freiwillig für diese Mission gemeldet. Und obwohl Angst zu unserem Alltag gehörte, glaube ich, daß ich zu jenem Zeitpunkt schon jenseits der Angst war. Wenn man weiß, daß man im Falle der Verhaftung getötet wird, geschieht etwas Merkwürdiges: Man lernt, trotz der Gefahr zu funktionieren. Ich wechselte ständig meine Schlafstelle, denn ich wußte, daß man mich, sollte ich entdeckt werden, auf der Stelle töten würde. Sie brachten einen an die Donau, auf der bereits unzählige Leichen trieben, banden die Hände zweier Gefangener zusammen, um dann einen in den Rücken zu schießen und beide ins Wasser zu werfen. Zu meinem Glück hatten einige von uns, enge Freunde, herausgefunden, daß die Deutschen den Universitätsbetrieb nicht unterbunden

hatten. Dank eines Hausmeisters, den wir bestochen hatten, war daher die Anatomie in der Universität der sicherste Schlafplatz. Viele Monate lang schlief ich auf Steintischen neben Leichen, die von den Studenten seziert worden waren.

Einige Monate lang lieferte ich gefälschte Papiere aus, bis ich in ernsthafte Schwierigkeiten geriet. Bis zu diesem Zeitpunkt hatte ich sehr viel Glück gehabt. Jedes Mal, wenn man mich in die Enge getrieben hatte, war es mir gelungen, zu entkommen. Es war Anfang November 1944, und ich war auf dem Weg zu einem der Häuser unweit der Donau, um einen Packen Pässe zu überbringen. Doch dieses Mal unterlief mir ein Fehler, anstatt den Abwasserkanal durch einen der Gullys im Innenhof zu verlassen, hatte ich einen Kanaldeckel vor dem Haus erwischt. Ich versuchte, wieder in den Kanal hinunterzusteigen, doch einer der ungarischen Soldaten hatte mich bereits am Kragen gepackt, zog mich heraus und begann, meine Taschen zu durchsuchen. Er fand sieben gefälschte Papiere und einen Paß mit meinem Foto, der bescheinigte, daß ich kein Jude war. Die Soldaten begannen zu lachen und Witze darüber zu machen, wessen „Taube" ich werden sollte – es konnte sich nur noch um Minuten handeln, bis sie mich an die Donau führten und erschossen. Ich wußte, daß ich schnell handeln mußte. Um die Dokumente, die

Raoul Wallenberg in seinem Büro in der Schwedischen Botschaft in Budapest während des Winters 1944/45 (vgl. S. 124).

ich bei mir hatte, genauer betrachten zu können, hatten sie ihre altmodischen, langläufigen Gewehre gegen die Hauswand gelehnt. Mir blieben nur Sekunden zum Nachdenken, dann stieß ich mit dem Fuß die Gewehre um und begann zu laufen. Sie brauchten zehn, fünfzehn Sekunden, um ihre Gewehre aufzuheben und auf mich zu schießen. Ich hörte die Kugeln an mir vorüberfliegen. Als ich im Zickzack über die Straße rannte, sah ich eine Gruppe von etwa 75 Juden, die, von Soldaten bewacht, die Straße entlanggingen. Ohne zu wissen, wohin man sie brachte, mischte ich mich unter sie und marschierte so unerkannt an den beiden Soldaten vorbei, die Jagd auf mich gemacht hatten. Wenige Minuten später hielten zwei Lastwagen neben uns, und von der Ladefläche sprangen etwa vierzig SS-Männer, die uns umstellten. Ich hatte schon so oft fliehen können, daß ich hoffte, es würde mir auch dieses Mal gelingen. Doch im gleichen Moment war mir auch klar, daß ich erschossen würde, sobald ich aus der Reihe trat. Dann fand ich mich auf den Eisenbahngleisen wieder und wurde in einen Zug gestoßen. Diese Juden wurden nicht in ein Ghetto gebracht.

Ich wußte nicht, ob der Zug nach Deutschland oder Polen fuhr. Fünf Tage später kamen wir in Buchenwald an, weil zu diesem Zeitpunkt bereits weite Teile Polens befreit waren, die Russen hatten die Außenbezirke von Budapest erreicht und beschossen die Stadt Tag und Nacht. Im Januar 1945 marschierten sie in Budapest ein. Wir wurden also nach Buchenwald gebracht, weil die Deutschen Nachschub an Arbeitskräften brauchten. Sie hatten so viele getötet, daß ihnen die Leute ausgingen. Selbstverständlich wußte ich all das nicht, noch hatte ich eine Ahnung, wohin wir fuhren. Unter all meinen Erfahrungen – und jeder Mensch hat eine eigene, ganz besonders quälende Erinnerung – war diese Zugfahrt wahrscheinlich die schrecklichste. Die Fahrt dauerte Tage, während derer wir weder zu essen noch zu trinken bekamen. Wir müssen etwa 100 Menschen in diesem Viehwaggon gewesen sein. Der

Gestank war furchtbar. Menschen starben, Kinder schrien, und es gab Frauen, die Babys zur Welt brachten, die sie töten mußten, weil sie wußten, daß sie ihrer Vernichtung entgegengingen. Gemeinsam mit zwei anderen hatte ich den Plan gefaßt, durch ein winziges Fenster zu entkommen, das gerade groß genug war, um sich hindurchzuquetschen. Der erste, der hinaussprang, stürzte in eine Schlucht, dem zweiten schossen sie den Kopf weg, daher gab ich den Gedanken auf und sprang nicht. Tage später kamen wir in Buchenwald an.

Nachdem wir zuerst die Toten abgeladen hatten – vielleicht zwanzig Prozent, vielleicht mehr –, führten sie uns in das Lager. Diesen Augenblick werde ich nie vergessen. Es war eine sehr kalte Novembernacht. Sie zwangen uns, die Kleider auszuziehen, und nahmen uns alles weg, und dann ließen sie uns vier Stunden lang nackt da stehen. Es gibt nichts Demoralisierenderes, Entmenschlichenderes, als nackt zu sein – Männer und Frauen zusammen – und nicht zu wissen, was mit einem geschieht. Die Menschen froren, schrien und brachen zusammen. Schließlich brachten sie uns in einen Raum, in dem eine Wanne stand, gefüllt mit einer Flüssigkeit, wahrscheinlich einem Desinfektionsmittel. Bewacht von zwei Deutschen, mußten wir einer nach dem anderen in diese Wanne steigen und untertauchen. Es brannte am ganzen Körper. Dann ließen sie uns wieder stehen und warten, klitschnaß und nackt. Es dauerte lange, sehr lange, bis sie uns endlich einen der schlafanzugartigen, gestreiften Anzüge gaben und uns zu einer Baracke führten.

Zwei Tage nach dieser Tortur fragten sie nach Freiwilligen für die Arbeit an den Eisenbahngleisen. Ich weiß nicht, warum, aber während dieser Tage in der Baracke hatten mir mehrere Menschen gesagt: „Hauptsache, sie lassen dich arbeiten, Junge, egal, was für Arbeit das ist, egal, was sie von dir verlangen. Geh arbeiten, denn wenn du das nicht tust, werden sie dich töten." Also meldete ich mich als Freiwilliger und gab an, ich hätte schon im Arbeitslager in Budapest an den Gleisen gearbeitet. Sie wählten etwa fünfhundert von uns aus und setzten uns wieder in Viehwaggons, achtundvierzig pro Waggon. Dann teilten sie uns mit, wir wären nun Mitglieder der 10. deutschen Eisenbahn-Brigade. Diese Brigaden sollten die bombardierten Gleise unter der Aufsicht der deutschen Wachen reparieren. Auf den ersten Blick war diese Arbeit nicht so schlecht, weil wir genug zu essen bekamen, um zu überleben. Andererseits wußten wir nie, wann sie uns holen und wohin sie uns bringen würden. Wir hielten irgendwo auf freier Strecke an, die Deutschen stiegen mit ihren Hunden aus, bauten ihre Maschinengewehre auf und brüllten „Raus, raus!", während sie die

Türen der Viehwaggons öffneten. Dann hatten wir Schützengräben entlang den Gleisen zu graben, in die sich die Deutschen zurückzogen, während wir die durch Bomben beschädigten Gleise reparieren mußten. Manchmal arbeiteten wir Tag und Nacht durch.

Die Gleise, an denen wir eingesetzt wurden, lagen nie weit von der Front entfernt und wurden andauernd von den Amerikanern bombardiert, um den Nachschub an Munition und Ausrüstung zu verhindern. Zugleich schwebten wir in der ständigen Gefahr, von den Deutschen erschossen zu werden. Wenn jemand verletzt wurde, brachte man ihn weg. Wir hörten dann Maschinengewehrfeuer, und alle wußten, was das bedeutete. Wer nicht von den Deutschen getötet wurde, mußte obendrein auch noch die Amerikaner fürchten, die Aufklärungsflüge unternahmen, um den Erfolg ihrer Missionen zu kontrollieren. Sie flogen extrem niedrig und sahen daher, wie wir die Gleise reparierten, bei deren Zerstörung Kameraden von ihnen ihr Leben riskiert hatten. Ich glaube, etwa die Hälfte von uns wurde von Amerikanern getötet. Ich weiß nicht, ob sie wußten, daß wir jüdische Gefangene waren. Aber ich kann verstehen, daß es ihnen vor allem darum ging, den Krieg zu gewinnen. Und ein paar hundert Holocaustüberlebende spielten keine entscheidende Rolle. Ich arbeitete von Dezember 1944 bis März 1945 an den Gleisen. Als wir nur noch etwa vierzig Mann waren, beschloß die SS, uns hinzurichten. Aber einige Soldaten machten einen Handel mit der SS, daß sie unsere Gruppe übernehmen und zu einem Lager bringen würden. Sie handelten nicht aus Nächstenliebe, sondern weil sie wußten, daß der Krieg beinahe verloren war. Wir sollten für sie aussagen, daß sie uns das Leben gerettet hätten.

Auf diesem Marsch starben etwa zwanzig Prozent von uns, vor Entkräftung oder weil sie erschossen wurden. Noch Jahre später hat mich verfolgt, was ich in dieser Zeit erlebte. Bis dahin war ich mit zwei Freunden zusammen, und wir hatten uns geschworen, unser Leben füreinander zu opfern – daß wir uns nie im Stich lassen würden. Sie wissen schon, wie Kinder eben sind – wir dachten, es wäre möglich. Einer von uns dreien hatte eine Knieverletzung und Wundbrand. Einer der Soldaten bemerkte, daß er hinkte, kommt her und will ihn erschießen. Aber wir stellen uns vor ihn. Der Soldat senkt die Luger und sagt: „Ich gebe euch drei Sekunden, ich zähle bis drei. Entweder ihr laßt ihn los oder ich erschieße euch alle." Können Sie sich vorstellen, welche Entscheidung wir in diesem Alter zu fällen hatten? Ja, wir hatten uns versprochen, füreinander zu sterben. Aber unter der Todesdrohung konnten wir

Bill und sein Sohn betrachten die hölzernen Verschläge in den Baracken des Konzentrationslagers Dachau, Deutschland.

das Versprechen nicht halten. Wir ließen ihn fallen. Eins habe ich aus dieser schrecklichen Erfahrung gelernt. Ich kann nicht mehr sagen, ich werde dieses oder jenes niemals tun. Im Angesicht des Todes tut man alles, um zu überleben.

Es gab noch ein anderes Erlebnis auf diesem Marsch, das mich lehrte, die Welt nicht zu verdammen – nicht einmal die Deutschen. Wir kamen durch ein kleines Dorf, als an einem Fenster im oberen Stockwerk eines Hauses eine ältere Frau erschien. Ich sehe sie noch heute vor mir. Sie hatte ihre Schürze wie zu einem Beutel gerafft und stand am offenen Fenster. Wir waren halb verhungert und daran gewöhnt, daß die Leute uns mit Steinen bewarfen oder mit heißem Wasser übergossen, doch als diese Frau ihre Schürze öffnete, fielen zwanzig Brotlaibe auf die Straße. Selbstverständlich liefen wir sofort los, um sie aufzuheben, und sahen daher nicht, wie ein SS-Soldat seine Maschinenpistole hob und die Frau erschoß. Diese Frau gab ihr Leben für uns, wie könnte ich also alle Deutschen hassen? Endlich, nach zehn qualvollen Tagen, erreichten wir in der dritten Aprilwoche 1945 unser Ziel – Dachau.

Mit Dachau verbinden sich für mich weitere furchtbare Erlebnisse. Eine der begehrtesten Tauschwaren in diesem Lager waren geröstete, heiße Kartoffelschalen, die man bei einigen der älteren Häftlinge gegen etwas eintauschen konnte, das sie als eine Scheibe „Rindfleisch" anpriesen. Später fanden wir heraus, daß es hier kein Vieh

„*Wir konnten nicht moralisch handeln. Es ging einzig und allein ums Überleben, und überleben konnte nur, wer bereit war, den Moralkodex zu brechen.*"

gab, es war Fleisch von Menschen. Ohne es zu wissen, war ich also zum Kannibalen geworden. Selbst wenn wir damals vielleicht etwas geahnt hätten, wäre es uns unmöglich gewesen, moralisch zu handeln. Denn es ging einzig und allein ums Überleben, und überleben konnte nur, wer bereit war, den Moralkodex zu brechen. Und noch eine Geschichte: Wir schliefen auf Pritschen, schmutzigen, verlausten Pritschen, jeweils zu viert auf einer, und mit einer einzigen, dünnen Decke. Es war eisig

Gefangene aus Dachau während eines Todesmarsches im Frühjahr 1945.

kalt, und oft wachte ich nachts davon auf, daß der Mann neben mir mich nicht mehr wärmte, weil er tot war. Doch das berührte mich nicht, ich hatte keine Tränen, keine Emotionen. Statt dessen bat ich den nächsten auf der Pritsche, gemeinsam mit mir die Leiche auf den Boden zu legen – jetzt brauchten wir uns die Decke nur noch zu dritt zu teilen und konnten darauf hoffen, eine weitere Nacht zu überleben.

Selbstverständlich wußten wir damals nicht, daß Dachau das erste Lager sein sollte, daß Eisenhowers Armee befreien würde. Doch als es den Deutschen klar wurde, umgaben sie das ganze Lager mit Sprengstoff und legten Drahtzünder daran. Früh am Morgen des 29. April hörten wir Gewehrschüsse und Explosionen. Einen Moment lang glaubten wir, das ganze Lager würde in die Luft gejagt, doch es waren die Amerikaner, die unerwartet in das Lager einmarschierten. Die deutschen Wachen waren völlig überrascht. Dann ereigneten sich unglaubliche Szenen, einige der Deutschen wurden von den Lagerinsassen buchstäblich zerrissen. Das war der Tag, an dem ich, gemeinsam mit 29.000 anderen Gefangenen, endlich befreit wurde.

Manche Menschen wurden nach Kriegsende wahnsinnig und begingen Selbstmord, viele andere starben an Typhus, und ich selbst brach etwa eine Woche nach meiner Befreiung auf der Straße zusammen.

Als ich wieder zu mir kam – fünfzehn Tage später –, sah ich etwas, das ich für Wolken hielt. Ich glaubte, ich sei gestorben und schwebte auf einer Wolke. Später erkannte ich eine Krankenschwester, die an meinem Bett saß. Es war der 4. Juni, und ich befand mich in einem amerikanischen Feldlazarett. Die Krankenschwester erzählte mir, es seien so viele Menschen aus dem Lager zu versorgen gewesen, daß man die, denen man keine Überlebenschancen mehr einräumte, zum Sterben auf Tische gelegt habe, um sie dann zu beerdigen. Aus irgendwelchen Gründen hatte ich überlebt, so daß man mich in das Feldlazarett zurückgebracht hatte – glatzköpfig und vollkommen verlaust, aber ich überlebte.

Als ich wieder gesund war, kehrte ich nach Budapest zurück, um meine Familie zu suchen. Eine Woche lang hatte ich keinen Erfolg. Doch dann erfuhr ich über eine jüdische Agentur, daß jemand meine Schwester in Bukarest gesehen und sie gehört hatte, daß ich nach ihr suchte. Meine Schwester hatte als Starthilfe etwas Geld erhalten und fuhr nach Budapest, um mich zu finden. Doch zur gleichen Zeit war ich auf dem Weg nach Bukarest! Also kehrte ich in mein Heimatdorf zurück, wo ich am Bahnhof eine Nachricht für meine Schwester hinterlassen wollte, daß ich in unserem Haus sei. Doch als ich am Bahnhof ankam, fingen mich zwei jüdische Kinder ab und brachten mich zum Haus eines entfernten Verwandten. Man erzählte mir, daß in unserem Haus jetzt sieben nichtjüdische Familien lebten und daß andere Überlebende, die in ihre Häuser zurückkehren wollten, ermordet worden waren. Ich hatte also den Krieg überlebt und mußte nun fürchten, daß man mich in meinem Heimatort umbrachte. Im Haus meines Verwandten erhielt ich ein Bett und etwas zu essen. Das war das letzte, was er für die Überlebenden des Holocaust tat. Er erhängte sich, weil er mit dem, was er erlebt hatte, nicht fertig wurde. Für viele Menschen war das die einzige Lösung, um damit „fertig" zu werden. Ich blieb noch einige Tage in seinem Haus, bis meine Schwester eintraf und wir beschlossen, Ungarn zu verlassen.

Nachdem ich so lange im Ungewissen gewesen war, ob jemand aus meiner Familie überlebt hatte, freute ich mich, meine Schwester wiederzusehen. Wir warteten drei oder vier Wochen in der Hoffnung, es könne noch jemand kommen. Doch als niemand kam, mußten wir annehmen, daß alle tot waren. Erst als wir etwa ein Jahr später nach Italien kamen, erfuhren wir, daß auch unser Bruder Ted überlebt hatte. Bis dahin lebten meine Schwester und ich einige Zeit in österreichischen Lagern für „Displaced Persons". Mein Bruder kämpfte für die Gründung des Staates Israel, bevor wir uns sechs oder sieben Jahre später in Amerika trafen, wo er sich niederließ.

Ich selbst kam am 21. November 1947 in Los Angeles an und begann am darauffolgenden Tag in einer Reinigung zu arbeiten, wo ich Hosen kürzte. Zuallererst wollte ich Englisch lernen, deshalb besuchte ich die Abendschule, wo ich eine junge Frau aus der Tschechoslowakei kennenlernte, die ebenfalls eine Überlebende des Holocaust war. Sie war sehr nett, zwei Jahre später heirateten wir und bekamen einen Sohn und zwei Töchter. Rose – oder Holly, wie sie genannt wurde – und ich waren 47 Jahre verheiratet, doch ihr Schicksal war sehr traurig, denn sie litt unter einer unbekannten Krankheit. Nachdem sie jahrelang krank war und viele Behandlungen über sich hatte ergehen lassen, stellte man an der Universität von Oslo, wo umfangreiche Forschungen zu den Krankheiten von Holocaustüberlebenden durchgeführt wurden, die Diagnose, daß es keine Heilungsmöglichkeit gab, weil die Krankheit meiner Frau von dem Gift herrührte, das ihr bei Experimenten in Auschwitz verabreicht worden war. Manche Menschen haben das Konzentrationslager körperlich fast unbeschadet überstanden, doch in ihrem Fall zersetzten sich die Blutgefäße von innen, und nach fünfzehnjährigem Leiden starb sie schließlich an einer inneren Blutung. Aber sie schenkte mir drei wunderbare Kinder, diese wiederum fünf hinreißende Enkel; sie sind die Freude und Erfüllung meines Lebens. Auch wirtschaftlich geht es mir wieder gut; Gott war mit mir, half mir, und so war ich mit 61 Jahren in der Lage, in den Ruhestand zu gehen und ein traditionsgemäßes jüdisches Leben mit meiner Familie zu führen.

Direkt nach dem Holocaust hatte ich keine Zeit, über meinen Glauben nachzudenken. Alles drehte sich darum, zu überleben. Später stellte ich meinen Glauben in Frage. Wenn Gott gerecht und gnädig ist, wie konnte er dann einfach nur zusehen? Es war für mich sehr schmerzhaft, daß es mir nicht gelang, ihn so bedingungslos zu akzeptieren, wie ich es als Kind getan hatte. Ich fand einen Kompromiß: Ich glaube noch an Gott, bin aber kein so frommer Jude mehr, wie ich es einmal war.

Gegenwärtig versuche ich etwas von meinen Erfahrungen an die Gesellschaft weiterzugeben, indem ich in Schulen gehe und mit den Kindern über den Holocaust spreche. Nicht so sehr über die scheußlichen Details, sondern wie und warum es dazu kommen konnte. Ich versuche ihnen zu erklären, wozu Haß führen und wie er ein ganzes Volk vernichten kann. Die Reaktionen darauf sind ganz erstaunlich, nicht selten sehe ich Tränen. Ich habe eine Mappe mit Briefen, die mir diese Kinder geschrieben haben. Viele von ihnen bedanken sich dafür, daß ich ihnen gezeigt habe, welches Leid Haß anderen Menschen zufügen kann, und sie versprechen, niemals einen Menschen zu hassen. Ich beantworte ihre Briefe und habe dabei das Gefühl, daß ich zu etwas Sinnvollem beitrage.

Es ist richtig, anfangs habe ich mich oft gefragt, warum ich überlebte und nicht meine Eltern, Brüder und Schwestern. Aber ich fühle mich nicht schuldig dafür, daß ich die Willenskraft besaß, um zu überleben. Heute führe ich ein neues Leben, heute stelle ich mir eher die Frage, was ich der Welt, wenn ich gehe, hinterlassen kann, damit sie eine bessere wird.

Bill Basch bringt einen Trinkspruch auf seine Familie aus, zu der mittlerweile zwei Kinder und fünf Enkel zählen. Im Bild (v. r. n. l.) sein Sohn Martin und die Enkel Maxwell und Abel.

124   Die letzten Tage

Raoul Wallenberg in seinem Büro in der Schwedischen Botschaft in Budapest, Ungarn, am 26. November 1944.

Raoul Wallenberg (1912–1947?): Schwedischer Diplomat und Lebensretter. Vom War Refugee Board wurde er als Mitglied der schwedischen Gesandtschaft rekrutiert und kam im Juli 1944 nach Budapest. Zwischen Juli und Dezember rettete er Tausenden, wahrscheinlich Zehntausenden ungarischer Juden das Leben, hauptsächlich über „Schutz-Pässe", Herbergen und geschützte Häuser. Wallenberg bestieg Deportationszüge, hielt Todesmärsche auf und überzeugte die Nazis davon, dass Juden unter schwedischem Schutz stünden. Noch vor der russischen Besetzung brachte Wallenberg im Dezember 1944 die Wehrmacht durch Überredungskünste und Drohungen dazu, das Budapester Ghetto vor der Zerstörung durch Pfeilkreuzler zu schützen. Am 17. Januar 1945 wurde er von den Sowjets entführt; tags darauf wurden 80.000 Juden von der Roten Armee aus dem Budapester Ghetto befreit. Obwohl er verschiedentlich gesehen worden sein soll, bestätigte Michail Gorbatschow den Tod Wallenbergs, indem er dessen Pass der Familie zurückgab. Unter den in Yad Vashem als „Gerechter Nichtjude" Geehrten steht er an oberster Stelle und ist einer von nur zwei Ehrenbürgern der Vereinigten Staaten.

WALLENBERG

SCHUTZ-PASS

Nr. 677/77

Name: Dr. Joseph Katona
Wohnort: Budapest.
Geburtsdatum: 2. März, 1909.
Geburtsort: Zalaegerszeg
Körperlänge: 166 cm.
Haarfarbe: schwarz   Augenfarbe: braun

Unterschrift: Katona József

SCHWEDEN — SVÉDORSZÁG

Die Kgl. Schwedische Gesandtschaft in Budapest bestätigt, dass der Obengenannte im Rahmen der — von dem Kgl. Schwedischen Aussenministerium autorisierten — Repatriierung nach Schweden reisen wird. Der Betreffende ist auch in einen Kollektivpass eingetragen.

Bis Abreise steht der Obengenannte und seine Wohnung unter dem Schutz der Kgl. Schwedischen Gesandtschaft in Budapest.

Gültigkeit: erlischt 14 Tage nach Einreise nach Schweden.

A budapesti Svéd Kir. Követség igazolja, hogy fentnevezett — a Svéd Kir. Külügyminisztérium által jóváhagyott — repatriálás keretében Svédországba utazik. Nevezett a kollektív útlevélben is szerepel.

Elutazásáig fentnevezett és lakása a budapesti Svéd Kir. Követség oltalma alatt áll.

Érvényét veszti a Svédországba való megérkezéstől számított tizennegyedik napon.

Reiseberechtigung nur gemeinsam mit dem Kollektivpass. Einreisevisum wird nur in dem Kollektivpass eingetragen.

Budapest, den 15. September 1944

KÖNIGLICH SCHWEDISCHE GESANDTSCHAFT
SVÉD KIRÁLYI KÖVETSÉG

Kgl. Schwedischer Gesandte.

Ein „Schutz-Pass", ausgestellt von der Schwedischen Botschaft in Budapest unter dem Einfluß von Raoul Wallenberg.

Renée Firestone

Sie müssen wissen, daß ich in Užhorod (Ungvár), der zentralen Stadt dieser Region, geboren und aufgewachsen bin. Eine kleine, aber moderne Stadt mit einer kosmopolitischen Atmosphäre. Von den etwa 32.000 bis 34.000 Einwohnern waren etwa 10.000, also ein Drittel, Juden. Unser Zuhause befand sich am Rande der Stadt in einer von Akazien gesäumten Wohnstraße. Mein Vater hat dieses Haus 1929 gebaut. Es war ein großes Gebäude mit ausgebautem Dachgeschoß und Balkon; dort lebte mein Bruder. Es war eine reizende Villa mit einem Rosengarten zur Straße hin und einem Nutzgarten nach hinten, dem Hobby meiner Mutter – oder vielmehr ihre Therapie. Meine Mutter litt unter Migräne, und man hatte ihr geraten, einem Hobby an der frischen Luft nachzugehen. Also legte sie diesen phantastischen Garten an, in dem sie riesige Tomaten züchtete, die ungefähr ein Kilo wogen. Mein Vater war ein Handwerker mit einer künstlerischen Ader; er führte einen Bekleidungsladen, in dem er auch maßgeschneiderte Herrenkonfektion anbot. Auf ihn beziehen sich meine tiefsten und schönsten Erinnerungen – ich liebte ihn sehr. Mein Bruder Frank war fünf Jahre älter als ich, und wir standen uns sehr nahe. Er hatte das Alter meiner Verehrer, und so gingen wir zusammen aus, wenn wir eine Verabredung hatten. Meine kleine Schwester Klara war vier Jahre jünger als ich.

In unserem Haus verkehrten Juden und Nichtjuden. Wir waren wirklich assimiliert und ohne irgendwelche Vorurteile. Das war im Jahr 1938, ich war vierzehn Jahre alt und hatte keine Ahnung davon, was sich außerhalb unserer Kleinstadt abspielte. Sicher, ich hatte Hitler im Rundfunk brüllen gehört, wie er über den Krieg redete und über die Juden herzog, die er für alles Böse auf der Welt verantwortlich machte. Aber ein Kind versteht solche Dinge nicht.

Renée kehrt nach fünfzig Jahren zu dem Haus in Užhorod zurück, in dem sie aufwuchs.

Die Stadt Užhorod (Ungvár) in Karpato-Ruthenien.

Trotzdem erinnere ich mich daran, daß mein Vater, der bis dahin eigentlich nie, nicht einmal an den Feiertagen, in die Synagoge ging, plötzlich damit begann, an den Freitagabenden den Gottesdienst zu besuchen und anschließend mit Fremden heimkam. Später wurde mir klar, daß es Flüchtlinge waren, die aus Polen nach Ungarn entkommen konnten. Die Mehrzahl der jüdischen Familienoberhäupter ging am Freitagabend zur Synagoge, um diese Leute mit nach Hause zu nehmen und sie unterzubringen, bis sie weiterzogen, meist in die Sowjetunion oder nach Palästina. Das war das erste Anzeichen für mich, daß mit den Juden wirklich etwas Besorgniserregendes passierte. Aber Hitler war in Deutschland, und was dort geschah, hatte nichts mit uns zu tun – wir waren weit weg von alledem.

Am 4. Mai 1939 war es den jüdischen Kindern nicht länger gestattet, öffentliche Schulen zu besuchen. Nur diejenigen, die kurz vor dem Abschluß standen, nahm man davon aus. Eines Tages kam mein Bruder, er war in der Abschlußklasse, nicht von der Schule nach Hause. Wir wußten nicht, was passiert war, und warteten die ganze Nacht auf ihn. Äußerst besorgt ging meine Mutter am darauffolgenden Tag zur Polizei und zur Schule, konnte aber nichts in Erfahrung bringen. Schließlich engagierte sie einen Rechtsanwalt, der später von meinem Vater eine beträchtliche Geldsumme forderte, damit mein Bruder freigelassen wurde. Wir fanden heraus, daß man sechs jüdische Jungen aus der Abschlußklasse herausgeholt und in den Nachbarort gebracht hatte, wo sie verhört, geschlagen und gefoltert wurden. Als mein Bruder freigelassen wurde, hatte er am ganzen Körper schwarze und blaue Stellen und wollte nicht darüber sprechen, was mit ihm passiert war.

Sie hatten die Jungen beschuldigt, Kommunisten zu sein und Hetzschriften verteilt zu haben. Aber mir war klar, daß mein Bruder keine politischen Verbindungen hatte. Nach seinem Abschluß brachte man ihn in ein Zwangsarbeitslager, wo wir ihn manchmal besuchen durften. Ich erinnere mich, daß ich ihn und meinen ungarischen Verlobten Lázló, der im gleichen Lager war, einmal mit meiner Mutter besucht habe. Irgendwann im Jahr 1943, bevor wir deportiert wurden, hatte ich mich heimlich mit diesem jungen, gutaussehenden ungarischen Mann, einem Fechtmeister, verlobt. Und so war ich gleichermaßen gespannt wie von Furcht erfüllt. Ich hatte keine Ahnung, was ein Arbeitslager war und was mich dort erwarten würde. Es war eine emotional sehr aufwühlende Begegnung, weil die beiden jungen Männer bereits

Renées Familie um 1934: (v. u. l. entgegen dem Uhrzeigersinn) Renée Weinfeld (Firestone), ihre Mutter Johanna Rosenfeld Weinfeld (genannt Jolly) und ihr Vater Morris Weinfeld, eine Unbekannte, Onkel Joseph Weinfeld, Dr. Browns Schwester, Dr. Sándor Brown, Dr. Browns Mutter.

wußten, daß sie an die Front in die Sowjetunion gebracht werden sollten, wo die ungarische Armee an der Seite der Deutschen kämpfte. Es war also eine Art Abschied. Bei diesem Besuch begegnete ich einer ganzen Reihe von jüdischen Jungen, einschließlich Bernard, der später mein Mann werden sollte. Alle hatten sie Angst, weil sie nicht wußten, was mit ihnen geschehen würde. Wie sich dann herausstellte, wurden sie in die Ukraine gebracht, wo man sie zum Minenräumen einsetzte. Viele von ihnen wurden von Minen zerfetzt, und die, die an Typhus erkrankten, so wie Lázló, wurden in eine Baracke gesperrt, die man in Brand setzte. So habe ich meinen Verlobten verloren.

Allmählich sickerten immer mehr Berichte durch, daß die Deutschen die Juden hinter Stacheldraht zusammentrieben. Die Geschichten wurden immer beunruhigender. Wir hörten von Exekutionen in Massengräber. Ich kannte eine Frau, die zusammen mit ihrer Mutter und ihren Schwestern erschossen werden sollte. Sie überlebte, weil sie vor den anderen in die Grube stürzte und die Leichen ihrer Mutter und ihrer Schwestern auf sie fielen. Als sie unter den Leichen hervorkroch, wurde sie erneut gefangengenommen und von neun deutschen Soldaten vergewaltigt, die sie danach halb tot liegen ließen. Ein polnischer Bauer fand sie und rettete ihr das Leben.

Solange es uns erlaubt war, hörte mein Vater regelmäßig Radio, aber dann wurde uns das Gerät weggenommen. Viele fragen sich, warum wir nichts unternommen haben, nicht weggelaufen sind oder uns versteckt haben. Im nachhinein ist man immer klüger, und heute weiß ich auch, daß es ganz deutliche Anzeichen für die Gefahr gab, in der wir schwebten. Aber damals waren wir ahnungslos und glaubten uns zu Hause sicher, umgeben von der Familie. Die Dinge passierten nicht alle auf einmal, sonder sehr langsam. Jedes Mal, wenn ein neues Gesetz, eine weitere restriktive Maßnahme herauskam, sagten wir: „Nun gut, noch eine Einschränkung, aber auch das wird vorübergehen." Tatsache ist, als wir schließlich wußten, daß sie uns abholen würden, war die Front nicht mehr weit entfernt. Die sowjetischen Truppen standen in der Nähe, wir konnten das Geschützfeuer hören. Also glaubten wir, daß wir in Sicherheit wären, daß die Russen jede Minute unsere Stadt befreien würden. Aber die Russen kamen nicht, sie marschierten in eine andere Richtung, nach Polen. Und wir saßen in der Falle.

Dann wurde das Gesetz erlassen, daß wir den gelben Stern tragen mußten. Wir hörten, daß die Juden in Deutschland den Davidstern hatten tragen müssen, bevor man sie wegbrachte, und daß sie das auch in Polen tun mußten; zu diesem Zeitpunkt begannen wir, uns Sorgen zu machen. Ich erinnere mich, wie ich zum ersten Mal mit diesem Stern auf die Straße ging. Ich bin mir nicht mehr sicher, ob ich mich schämte oder Angst hatte. Ich weiß nur noch, daß ich einen deutschen Offizier sah, der mir entgegenkam, und ich mich fragte, ob ich den Stern verdecken sollte oder ob es besser war, einfach auf der Straße weiterzugehen. Aber dann bemerkte ich eine nichtjüdische Freundin, die auf mich zukam. Wir waren wirklich enge Freundinnen. Ich hoffte, daß sie zu mir herüberkommen und mich in den Arm nehmen würde, um mir zu sagen, wie sehr ihr all das leid täte. Aber sie wechselte auf die andere Straßenseite und ging an mir vorüber, ohne auch nur einmal herzusehen.

Seitdem die Juden den gelben Stern tragen mußten, waren wir total isoliert. Mit Inkrafttreten der Ausgangssperre durften wir nur noch zu bestimmten Zeiten das Haus verlassen. Daher ist es auch nur schwer zu beurteilen, was die Leute um uns herum empfanden. Eines Tages hingen überall in der Stadt Plakate, auf denen zu lesen stand, daß alle Juden umgesiedelt würden. Es war kurz nach meinem zwanzigsten Geburtstag, und ich erinnere mich, daß die ganze Familie um den Passahtisch saß. Wir hatten nicht die geringste Ahnung, wohin wir umgesiedelt werden sollten. Aber es gab Gerüchte, daß man uns nach Deutschland bringen würde, damit wir dort für das Reich arbeiteten. Mein Vater versuchte uns, meine Schwester und mich, zu beruhigen, sie hätten versprochen, daß die Familien zusammenbleiben könnten. Und mein Vater sagte auch: „Solange wir zusammen sind, können wir uns gegenseitig helfen, und alles wird nur halb so schlimm sein. Man hört den Krieg immer näher kommen, bald wird alles vorbei sein. Macht euch keine Sorgen. Es wird nicht lange dauern, bis wir wieder hier sind." Man sagte uns, daß wir jeder einen Koffer packen könnten, der aber nicht mehr als fünfzig Kilo wiegen dürfe, damit auch jeder seinen Koffer würde tragen können. Als dann alle Juden aus ihren Häusern geholt wurden und zu Fuß aus der Stadt gehen mußten, standen unsere Nachbarn hinter den Gardinen und sahen zu. Ich wußte damals nicht, ob sie zu traurig waren, um uns ins Angesicht zu sehen, oder ob sie froh waren, weil wir fortgeschafft wurden. Später fand ich heraus, daß sie unsere Häuser plünderten, sobald wir weg waren. Beim Packen war ich sehr niedergeschlagen und besorgt und wollte etwas mitnehmen, das mich an die guten Zeiten erinnern würde. Ich verfiel auf einen Badeanzug, den mir mein Vater drei Jahre zuvor von einer Geschäftsreise mitgebracht hatte. Er brachte meiner Schwester und mir immer etwas mit, und wir fragten natürlich

Der Wochenmarkt in Užhorod (Ungvár) an dem Fluß Uz in den zwanziger Jahren.

jedesmal: „Hast du uns etwas mitgebracht?" Damals öffnete er seinen Koffer und zog den herrlichsten Badeanzug hervor, den ich jemals gesehen hatte. Er war aus einem neuen dehnbaren Material und schimmerte wie feiner Satin. Es war mit bunten Blumen bedruckt. Aber dann dachte ich, daß es albern wäre, ihn mitzunehmen, und ich legte ihn wieder beiseite. Als ich die Soldatenstiefel auf der Treppe hörte, rannte ich schnell zurück und zog den Badeanzug unter mein Kleid, und so ging ich zum Bahnhof, als man uns ins Lager fortschaffte.

Man sagte uns, daß wir mit unseren gepackten Koffern in unseren Häusern warten sollten. Es gab eine vierundzwanzigstündige Ausgangssperre, und während dieser Zeit gingen sie von Haus zu Haus und nahmen alle Juden mit. Wir kamen nicht auf die Idee, diese Befehle in Frage zu stellen, weil wir schon davon gehört hatten, daß so auch in anderen Ortschaften verfahren worden war. Es liegt in der Natur des Menschen, daß er praktisch alles akzeptiert, solange er nur hoffen kann zu überleben. Wir wollten glauben, daß wir nach Deutschland gebracht würden, um dort zu arbeiten. Wir wollten das wirklich glauben und wußten nicht, daß sich zu diesem Zeitpunkt schon das gesamte europäische Judentum in Lagern befand.

Wir liefen den ganzen Tag über bis in die Nacht hinein zu den Außenbezirken der Stadt und wußten nicht, wohin sie uns bringen würden. Schließlich waren wir irgendwo angekommen, und sie sagten uns, wir sollten dort lagern. Es war eine sehr dunkle Nacht, kein Mond, keine Sterne. Wir hatten nicht die geringste Ahnung, wo wir uns befanden, und so dösten die meisten von uns auf ihren Koffern sitzend ein. Erst am Morgen bemerkte ich, daß wir auf dem Gelände einer Ziegelei waren. Meine Mutter öffnete ihren Koffer, und heraus kam eine reinseidene Steppdecke, die sie auf dem schmutzigen Boden ausbreitete. Dann legte sie sich darauf und fiel in eine tiefe Depression. Bis wir von dort weggebracht wurden, stand sie nicht mehr auf und nahm nur etwas zu sich, wenn wir sie fütterten. Dort blieben wir zwei Wochen und ernährten uns von einer Art Eintopf, den man uns aus der Stadt brachte.

Als ich für mich beschlossen hatte, daß nichts schlimmer sein konnte als die Umstände, unter denen wir dort lebten, hörten wir erneut Gerüchte, daß wir nach Deutschland gebracht werden sollten. Und wir hörten auch furchtbare Berichte von Leuten, denen man ihr Geld weggenommen und die man geschlagen hatte, manche so lange, bis sie tot waren. Ich sagte zu meinem Vater, um den ich mir große Sorgen machte: „Nichts kann schlimmer sein als dies hier. Laß uns versuchen, auf den

Renée Firestone (rechts) mit einer Jugendfreundin im Schwimmbad von Užhorod.

ersten Transport zu kommen, laß uns hier weggehen." Ich redete mit Leuten, ich manipulierte und ich erreichte, was ich wollte – wir wurden mit dem ersten Transport weggeschickt.

Da gibt es eine Geschichte, die mir immer wieder in den Sinn kommt, wenn ich an jene Zeit denke. Vor dem Krieg nahm mein Vater einen nichtjüdischen Jungen in sein Geschäft als Lehrling auf. Er war der Sohn eines Schuhmachers, der seine neun Kinder nicht alle ernähren konnte. Mein Vater nahm diesen Jungen auch in unser Haus auf, so daß er seit seinem dreizehnten Lebensjahr mit uns zusammen aufwuchs. Als man meinem Vater das Geschäft wegnahm, übergab er alles, was er besaß, diesem Jungen und sagte zu ihm: „Ich weiß nicht, was mit uns geschehen wird. Falls wir irgend etwas brauchen sollten, weiß ich, daß ich mich auf dich verlassen kann. Du bist wie ein Sohn für mich." Und der junge Mann weinte und versprach alles zu tun, was in seiner Macht stand. Während der Zeit in der Ziegelei gingen uns allmählich die Lebensmittel aus, und mein Vater schickte einen Brief an diesen Jungen, dem er all sein Eigentum übergeben hatte. Die Antwort kam bald. Darin hieß es, daß er sein Leben nicht aufs Spiel setzen würde, um uns zu helfen. Das ist ein gutes Beispiel dafür, wie sich unsere Freunde – Freunde, denen wir vertrauten – über Nacht gegen uns wandten. Deshalb ist es so schwer zu verstehen, was wirklich geschehen ist. Noch nach fünfzig Jahren fragen wir uns, wie konnte das passieren? Was haben wir getan, daß unsere Freunde sich so bereitwillig gegen uns gestellt haben?

So kamen wir also im Frühjahr 1944 auf den ersten Transport. Uns war völlig unklar, wohin sie uns bringen würden. Wir glaubten, wir hofften, daß wir ins Deutsche Reich gebracht würden, um dort zu arbeiten – vielleicht in einer Fabrik, vielleicht als Erntehelfer, um Nahrungsmittel für die deutschen Soldaten zu beschaffen. Alles würden wir tun, solange wir als Familie zusammenblieben. Ich erinnere mich, daß ich, als ich mit den Vorbereitungen für den Transport begann, beschloß, den Badeanzug wieder anzuziehen, weil ich nicht wollte, daß man ihn in meinem Koffer entdeckte. Wir mußten uns in einer Reihe auf dem Hof der Ziegelei aufstellen und wurden dann von ungarischen Soldaten zum Bahnhof geführt. Sie hatten eine sehr auffällige Uniform und waren bekannt für ihre entsetzliche Brutalität, die manchmal noch die der Nazis übertraf. Ohne Frage hätte Hitler ohne diese Form der Unterstützung nicht nur durch die Ungarn, sondern auch durch Ukrainer, Polen, Franzosen und Belgier, ohne diese bereitwillige Zusammenarbeit niemals sein Ziel erreicht.

Als wir am Bahnhof ankamen, wurde uns klar, daß man uns nicht in einem Personenzug transportieren würde – die Viehwaggons warteten auf uns. Außerdem sahen wir, daß die Waggons nicht von ungarischen, sondern deutschen Soldaten bewacht wurden, in unseren Augen ein Zeichen dafür, daß wir wohl nach Deutschland fahren sollten. Sie drängten so viele Menschen in jeden Waggon – in unserem müssen es etwa 120 gewesen sein –, daß sich nicht alle hinsetzen konnten. Also sorgten wir dafür, daß die Alten an den Wänden saßen, wo sie sich anlehnen konnten. Den Müttern nahmen wir ihre Babys und Kleinkinder ab und gaben sie den alten Leuten. Aus der Tatsache, daß sie uns, bevor die Türen verriegelt wurden, weder zu essen noch zu trinken gaben, schlossen wir, unsere Reise könne nicht weit gehen. In einer Ecke des Waggons entdeckten wir ein wenig ausgestreutes Stroh und einen Eimer – der sollte 120 Menschen als Toilette dienen.

Am späten Nachmittag setzte sich der Zug in Bewegung und fuhr die Nacht und den folgenden Tag durch, bevor er in der nächsten Nacht anhielt. Es herrschte totale Dunkelheit. Nur durch die Ritzen der Waggonwand drang ein wenig Licht. Wir hörten die Stimmen von Soldaten, die brüllten, wir sollten unsere Wertsachen aushändigen. Dann waren draußen Schreie und Schüsse zu hören, und wir waren überzeugt, daß sie alle erschossen, bei denen sie noch Wertsachen fanden. Es war sehr beängstigend. Ich sah, wie junge Frauen, die wahrscheinlich erst ganz kurz verheiratet waren, ihre Eheringe abstreiften und durch die Ritzen in der Waggonwand den Soldaten übergaben. Später fanden wir heraus, daß diese Nazis nicht auf Befehl

Ein Photo von Renée Firestones Vater Morris Weinfeld um 1914.

Renée kehrt mit einer Dolmetscherin nach Auschwitz zurück, um die Spuren ihrer Familie zu finden.

handelten, sondern unsere Wertsachen in ihre eigenen Taschen steckten. Der Zug setzte seine Fahrt fort, und von da an fanden jede Nacht solche Plünderungen statt. Es gab allerdings noch einen anderen Grund, warum der Zug so oft hielt: auch aus anderen Richtungen waren Transporte unterwegs, die alle dasselbe Ziel hatten. Die Züge reihten sich über eine so lange Strecke aneinander, daß ich nicht sehen konnte, wo sie endeten.

Als die Türen schließlich geöffnet wurden, beschloß ich, als erste aus dem Zug zu steigen, um mir einen guten Arbeitsplatz zu sichern. So, dachte ich, könnte ich meine Familie retten: meine vierzehnjährige Schwester, die zu klein und zu schwach war, um zu arbeiten, und meine Eltern, die in meinen Augen bereits zu den älteren Leuten zählten, obwohl sie doch erst zweiundvierzig und zweiundfünfzig Jahre alt waren. Doch als ich auf den Bahnsteig sprang, wurde mir schlagartig klar, daß man uns belogen hatte. Ich sah dieses riesige Gelände, das mit Stacheldraht umzäunt war. Alle paar Meter stand ein aus Holz gebauter Turm mit einem Maschinengewehr, dessen Lauf auf uns gerichtet war. Ich hatte so etwas noch nie zuvor gesehen – ich wußte nicht, ob das eine Art Siedlung oder ein Gefängnis war. Dann bemerkte ich einige wie Skelette aussehende Menschen in gestreiften Uniformen, so daß ich zu dem Schluß kam, es müsse sich um so etwas wie ein Gefängnis handeln. Ich erinnere mich, daß ich, als man uns vom Bahnhof zum Waschhaus brachte, hinter ein paar Bäumen eine kleine Lichtung sah, auf der Menschen saßen – vor allem Alte und Kinder –, und sie zogen ihre Kleider aus. Ich wußte nicht, konnte mir nicht vorstellen, was da passierte. Ich sah, wie sie Menschen in Feuergruben warfen. Ich sagte mir, daß etwas mit mir nicht stimmt, daß ich den Verstand verliere. Es war unmöglich, daß ich das sah. Meiner Schwester, die direkt neben mir stand, sagte ich nichts davon. Es konnte einfach nicht sein, daß ich Soldaten sah, die Alte und Kinder ergriffen und in diese Gruben warfen, und so löschte ich das Bild aus meinem Gedächtnis. Erst Jahre später, nachdem ich darüber gelesen hatte, wurde das Bild wieder lebendig, das ich damals gesehen hatte.

Wir wurden zu einem unter der Erde gelegenen Umkleideraum geführt. Man sagte uns, wir müßten nach dieser furchtbaren Reise duschen, um dann unserer Arbeit zugeteilt zu werden. Aber vorher erhielten wir noch eine Postkarte. Wir sollten an jemanden schreiben, den wir in Ungarn kannten, um ihm mitzuteilen, daß es uns gutging. Ich schrieb an meinen Bruder. Sie belogen uns mit jedem Wort: Sie sagten, wir sollten unsere Kleider sorgfältig

Renée (Mitte) mit ihrer Jugendfreundin Elizabeth Gottlieb (links) und einer unbekannten jungen Frau (rechts) im Schwimmbad von Užhorod vor der deutschen Besetzung.

Die letzten Tage

> *„Ich sah, wie sie diese Menschen in Feuergruben warfen. Ich sagte mir, daß etwas mit mir nicht stimmt, daß ich den Verstand verliere. Es war unmöglich, daß ich das sah."*

Renée entzündet Kerzen für ihre Familie an den Ruinen eines Krematoriums in Auschwitz-Birkenau.

zusammenfalten, sie sagten, wir sollten uns genau merken, wo wir unsere Sachen hinlegten, weil wir uns, wenn wir aus der Dusche kämen, schnell anziehen müßten. Aber ein paar Minuten später kam ein Kommando und trug unsere Sachen weg.

Ich erinnere mich, daß ich mich mit den anderen auszog, und so stand ich da in meinem Badeanzug. Ich hatte diese Vorahnung, dieses Gefühl, daß wenn ich diesen Badeanzug ausziehen würde, ihn hier lassen würde, daß ich dann all die wunderbaren Erinnerungen verlieren würde, die mit dem Badeanzug zusammenhingen, daß ich alles hinter mir lassen würde, was mir jemals etwas bedeutete. Wenn ich heute an diesen Badeanzug denke, erinnere ich mich daran, wie ich damit meine Familie, meine Freunde, meine Verwandten hinter mir ließ. Nachdem ich diese Geschichte Jahre später einmal vor einer Gruppe von Leuten erzählt hatte, erhielt ich in einem Briefumschlag drei Fotografien zugeschickt, die mich in diesem Badeanzug zeigen. Bis auf den heutigen Tag weiß ich nicht, wer sie mir zugesandt hat. Als wir aus dem Duschraum kamen, naß und nackt, wurden wir von brüllenden Nazisoldaten mit bissigen Hunden umringt, die so laut bellten, daß wir nicht wußten, was lauter war, das Gebrüll oder das Bellen. Wenn man vollkommen nackt ist, merkt man plötzlich, wie verletzlich man ist. Wir mußten uns vor den Soldaten ausziehen, das war schrecklich für mich, ein zwanzigjähriges Mädchen, das sich nicht einmal vor seinem Vater ausgezogen hatte.

Damals jedoch ließ man uns bis Mitternacht dort stehen, die Angst wurde unerträglich, und so warteten wir, naß und nackt, bis sie uns endlich erlaubten, in eine dieser Holzbaracken zu gehen, wo sie uns den Körper und den Kopf schoren und uns mit Schädlingsbekämpfungsmitteln einsprühten. Zum ersten Mal in meinen Leben wurde ich Zeuge roher Gewalt. Die Frauen wußten nicht, wie sie sich aufstellen sollten, also schlugen die Kapos – die Aufseher – sie mit Holzstöcken. Viele Frauen bluteten, viele standen nicht mehr auf.

Bei der Selektion an der Rampe hatte man meine Mutter nach links geschickt, während meine Schwester und ich nach rechts gingen. Meine Mutter kam vom Bahnhof direkt in die Gaskammer.

Zu dem Zeitpunkt, an dem meine Schwester und ich abgefertigt wurden, war unsere Mutter bereits nicht mehr am Leben. Aber erst nach ein paar Tagen in Auschwitz begriff ich, worum es hier wirklich ging. Als nämlich ein Kapo auf den Schornstein wies, den ich vorher noch nicht bemerkt hatte, und mich fragte, ob ich den Rauch und das Feuer sehen könnte, das daraus hervorquoll. Weil ich sie gefragt hatte, wann wir wieder mit unseren Eltern zusammenkommen würden, wies sie auf den Schornstein und sagte: „Wenn du da durchgehst, werdet ihr wieder zusammensein." Ich wandte mich an einige der älteren Insassen und fragte sie: „Was bedeutet das, wovon redet diese Frau?" Innerhalb von wenigen Tagen hatten wir begriffen, daß dies eins der Vernichtungslager war und man die Menschen hierherbrachte, um sie zu töten. Wie soll man das verstehen? Ich meine, ich hatte gehört, was man mir sagte, aber ich konnte einfach nicht glauben, daß sie mich umbringen würden, wegen nichts. Später erfuhr ich, daß wir während der sogenannten „Endlösung" nach Auschwitz gekommen waren. Hitler stand im Begriff, den Krieg zu verlieren, aber den Krieg gegen die Juden gab er nicht auf. Weil die Krematorien die ständig wachsende Zahl der Getöteten nicht aufnehmen konnten, wurden Gruben ausgehoben, um mit den Transporten ungarischer Juden, von denen damals zwei bis drei am Tag eintrafen, fertig zu werden.

Ich erinnere mich, daß ein Zigeunerlager, das in der Nähe lag, geräumt und bald darauf eine Gruppe kleinwüchsiger Menschen mit ihren Familien hereingebracht wurde. Wir beneideten sie ganz schrecklich darum, daß man ihnen erlaubt hatte, als Familien zusammenzubleiben. Dann, in einer langen, langen Nacht holten sie sie ab und vergasten sie, doch weil die Krematorien überlastet waren, brachten sie die Leichen zurück und stapelten sie vor den Baracken auf, wie Holzscheite. Es dauerte zwei oder drei Tage, bis sie die Leichen wegschleppten und verbrannten.

Auschwitz-Birkenau wurde auf dem Areal einer dem Erdboden gleichgemachten Stadt in der Nähe von Oswiecim errichtet.

Während ihres Besuchs in dem Schwimmbad, in dem sie vor fünfzig Jahren geschwommen war, grüßt Renée eine Einwohnerin von Užhorod.

Renée mit dem Archivar und einer Übersetzerin in Auschwitz.

Rechts: *In den Lagerakten von Auschwitz wurde jeder Neuzugang vermerkt. Renées Schwester Klara Weinfeld (Photo oben rechts) ist unter Nr. 37 aufgeführt.*

Selbstverständlich wußten die Bewohner von Oswiecim, was im Lager vor sich ging. Sie sahen, wie täglich zwei bis drei volle Züge aus Krakau kamen und leer wieder zurückfuhren. Sie rochen das verbrannte Fleisch – unmöglich, daß sie nichts wußten. Doch solange ich in Birkenau war, kam nie einer von ihnen an den Zaun, niemand bot uns Hilfe an, niemand versuchte, uns heimlich Lebensmittel zukommen zu lassen – und das waren Menschen, die jeden Sonntag in die Kirche gingen. Und dann die Wachen, die in Auschwitz arbeiteten. Erzählten sie, wenn sie abends nach Hause gingen, ihren Kindern Gutenachtgeschichten oder sprachen sie von den jüdischen Kindern, die sie in die Öfen schoben?

Wir sahen eine Gruppe von ungefähr zwanzig Männern durch das Lager gehen. Als sie vorbeimarschierten, schaute ich genau hin – vielleicht kannte ich ja jemanden. Plötzlich sah ich meinen Vater. Mein erster Gedanke war, mich zu verstecken. Es tat sehr weh, ihn so zu sehen, mit dem rasierten Kopf, der Uniform, wie ein Gefangener. Ich konnte mir nicht vorstellen, wie er sich fühlen würde, wenn er mich so sähe, ebenfalls mit rasiertem Kopf, mit einem Lumpen bekleidet. Ich wollte mich nur verstecken. In diesem Moment trafen sich unsere Blicke, und ich sah, wie ihm Tränen über die Wangen liefen. Das war das letzte Mal, daß ich meinen Vater sah.

Nach etwa sechs Monaten, als einige von uns von Mengele ausgesondert und in die leerstehenden Baracken der Kleinwüchsigen gebracht worden waren, wurden Klara und ich voneinander getrennt. Heimlich trafen wir uns jeden Morgen, wenn es noch dunkel war, nur um uns zu versichern, daß alles in Ordnung war. Am Abend vor *Jom Kippur* kursierten viele Gerüchte, weil die Nazis an Freitagabenden oder jüdischen Festtagen immer etwas Verrücktes taten. Deshalb machte ich mir Sorgen um Klara. Am nächsten Morgen kam sie nicht an den Zaun, der die beiden Lager trennte – und auch nicht am folgenden Tag. Dann erfuhren wir, daß an *Jom Kippur* eine Selektion stattgefunden hatte und Klara selektiert worden war; sie kam nicht mehr zurück.

In Auschwitz gibt es ein Archiv, in dem

300	Brandstein		
	/.		
630	Rott - Zelma	1916	
31	Schönfeld - Klári	1918	
32	Wiesner - Cecilia	1921	
33	Kahan - Hanka	1921	
34	Erös - Erzsébet	1898	
35	Weinman - Hedi	1922	
36	Geisler - Irena	1916	
37	Weinfeld - Klára	1928	
38	Braun - Margit	1920	
39	Singer - Etta	1915	
640	Braun - Magda	1927	
41	Bruckstein - Hajnal	1913	
42	Farkas - Katalin	1903	

Gefangene auf einem Todesmarsch nach Wolfrathshausen, Deutschland, im April 1945.

die Namen aller Menschen verzeichnet sind, die dort inhaftiert waren oder ermordet wurden. Bei der Ankunft hatte man uns gesagt, daß jeder Gefangene eine Nummer erhalten würde. Sie hatten Tische aufgestellt mit großen Büchern, und wir nahmen an, sie würden dort unseren Namen eintragen und uns eine Nummer geben. Dann begriffen wir, daß sie uns auf den Arm tätowiert werden sollte. Ich glaube, das Konzept, das hinter dem Tätowieren stand, gründete sich auf die Tatsache, daß die jüdische Religion Tätowierungen verbietet – etwas, das die Nazis offenbar wußten. Unsere Nummern wurden also in diese großen Bücher eingetragen, nicht dagegen unsere Namen, denn alle Frauen wurden unter dem Namen Sara oder Dora geführt – eine Schablone, kein reales menschliches Wesen. Und wenn man jemandem oft genug sagt, daß er kein menschliches Wesen ist, wenn man ihn wie einen Wurm behandelt, wird er es irgendwann selbst glauben.

Die Juden waren die einzigen, die man auserwählte, im Feuer vernichtet zu werden. Aus diesem Grund trifft der Begriff „Holocaust" – ein aus dem Griechischen stammendes Wort, das „verbrennen" bedeutet – nur auf die jüdischen Opfer zu. Obwohl auch mehrere Millionen Nichtjuden ermordet wurden, sollte keine andere Rasse, kein anderes Volk vollständig ausgelöscht werden. Zigeuner und Kleinwüch-

sige wurden aufgegriffen, wo immer man sie fand, doch die Juden sollten vollkommen vernichtet werden, jeder einzelne, auf der ganzen Welt – das war der Plan.

Ich kann es nicht erklären, aber irgendwie wußte ich immer, daß ich überleben würde. Ich fühlte mich verdammt, aber ich konnte mir nicht vorstellen zu sterben. In den letzten Tagen des Krieges mußten wir aus dem Lager in das vierzig Kilometer entfernte Krakau marschieren, wo man uns in eiskalte Viehwaggons sperrte und auf die dreitägige Reise nach Mikolow schickte. Dort mußten wir in einer Fabrik arbeiten, und dort wurde ich schließlich auch befreit. Das war eins der Wunder, die mir in meinem Leben widerfuhren, denn zu Beginn dieser Reise war ich sehr krank und hatte hohes Fieber, doch als wir ankamen, war ich gesund! Ein anderes Wunder war, daß mein Vater überlebt hatte. Er war auf dem Todesmarsch nach Theresienstadt zusammengebrochen und von den Sowjets gefunden worden, die ihn ins Krankenhaus gebracht hatten. Leider starb er einige Monate nach der Befreiung. Auch daß ich meinen Bruder Frank und Bernard – nun seit 53 Jahren mein Ehemann – wiederfand, waren Wunder. Doch das Wissen, daß meine Mutter und meine Schwester umgekommen sind, hat unser Überleben und unsere Befreiung schmerzhaft und bittersüß gemacht.

Im Konzentrationslager

Ungarische Jüdinnen werden mit geschorenen Köpfen im Juni 1944 nach Auschwitz-Birkenau geführt.

Zählappell im Frauenlager Auschwitz-Birkenau (1944).

Ungarische Jüdinnen vor und nach der Abfertigung in Auschwitz-Birkenau, 1944.

Im Konzentrationslager

Eine überbelegte Baracke in Auschwitz, dazu die Aufforderung „Pflege Kameradschaft".

Weibliche Häftlinge in einer Lagerbaracke in Auschwitz nach der Befreiung durch sowjetische Truppen am 27. Januar 1945.

Im Konzentrationslager

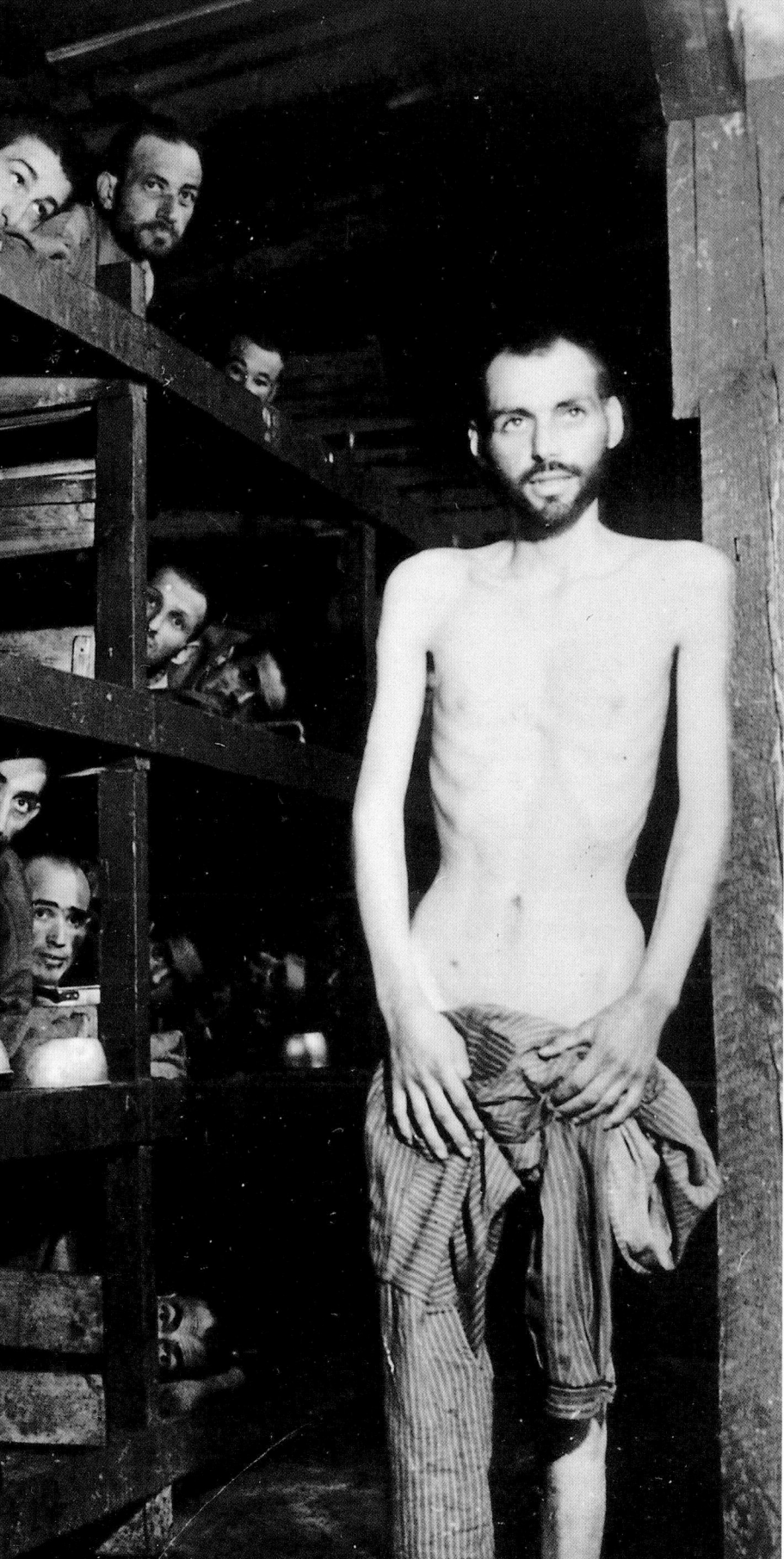

Gefangene in einer Baracke im Konzentrationslager Buchenwald, unter ihnen der berühmte Schriftsteller Elie Wiesel (auf der zweiten Pritsche von unten, 7. von links).

IM KONZENTRATIONSLAGER

Innenaufnahme von Block 10 in Auschwitz, dem Teil des Lagers, in dem medizinische Versuche durchgeführt wurden.

Reichsführer-SS Heinrich Himmler (2. von rechts) überprüft Pläne mit Offizieren in Auschwitz (1942).

Zum Zählappell angetretene männliche Häftlinge in Buchenwald.

Im Konzentrationslager

Ein Gefangener, der die Lebensumstände im Lager nicht ertragen konnte oder wollte, beging Selbstmord, indem er in den elektrischen Zaun rannte. Der Ausweg Tod durch elektrischen Schlag war oft nur Zentimeter entfernt.

Dario Gabbai

SONDERKOMMANDO: DIESE SPEZIELLEN EINHEITEN, DIE IN AUSCHWITZ-BIRKENAU UND ANDEREN TODESLAGERN BESTANDEN, SETZTEN SICH AUS INSASSEN ZUSAMMEN, DEREN AUFGABE DARIN BESTAND, DIE LEICHEN DER IN DEN GASKAMMERN ODER ANDERNORTS IM LAGER GETÖTETEN ZU DEN KREMATORIEN ZU BRINGEN UND DORT ZU VERBRENNEN. VOR DER EINÄSCHERUNG HATTEN SIE ALLE GEGENSTÄNDE, DIE DEM NAZISTAAT VON WERT WAREN (ETWA BRILLEN ODER GOLDZÄHNE) VON DEN LEICHEN ZU ENTFERNEN BZW. DANACH IN DER ASCHE ZU SUCHEN. IN GEWISSEN ZEITABSTÄNDEN TÖTETE DIE SS IMMER WIEDER DIE MITGLIEDER DER SONDERKOMMANDOS, UM SICHERZUSTELLEN, DASS KEINE AUGENZEUGEN FÜR DEN GRAUSAMSTEN TEIL IHRES VERNICHTUNGSPROGRAMMS ÜBERLEBTEN.

Dario Gabbai, wie er vor der Shoah Foundation Zeugnis ablegt.

Soweit mir bekannt ist, sind heute nur noch vier von uns, die beim Sonderkommando waren, am Leben. Wir sind die einzigen Augenzeugen dafür, wie die „Endlösung" durchgeführt wurde, das ganze Programm, von Anfang bis Ende. Ich bin griechischer Jude, und ich lebte in Griechenland, bis sie mich ins Konzentrationslager schafften. Ich kam in Auschwitz in der ersten Aprilwoche des Jahres 1944 an.

Ein paar von uns Griechen wurden bei der Eingangsselektion zur Arbeit in Block 13 eingeteilt. Es war das Sonderkommando, das an den Krematorien arbeitete. Am ersten Tag konnte ich überhaupt nicht begreifen, was eigentlich vor sich ging. Ich sah 2.500 Menschen, alle nackt, die in eine große Kammer gingen. Die Gaskammern waren ursprünglich für 500 Menschen vorgesehen. Ihnen blieb nichts anderes übrig, als aufrecht zu stehen, Erwachsenen wie Kindern. 15 Minuten nachdem die SS die Türen verriegelt und das Gas in die vier Öffnungen geworfen hatte, wurden die Türen wieder geöffnet. Und ich sah die Menschen, die ich eine Viertelstunde zuvor noch am

Ein Reihe von Öfen in einem Krematorium von Auschwitz-Birkenau, 1943.

Leben gesehen hatte. Sie waren tot, noch immer aufrecht stehend mit ihren Kindern, am ganzen Körper schwarz und blau. Ich verstand einfach nicht, was vor sich ging. Mit uns arbeitete ein Pole, und ich fragte ihn: „Wo ist Gott?" Und er antwortete mir: „Gott ist da, wo deine Kraft ist."

Es gab vier Krematorien, und jedes von ihnen hatte acht oder neun Öfen, die vierundzwanzig Stunden am Tag brannten. Ich hatte die Anweisung, die Frauen an die Wände und die Männer in die Mitte der Brennkammern zu legen, damit die Körper der Frauen, die mehr Fett hatten als die Männer, besser verbrannten. Dann mußten wir die Asche zu Pulver zerstoßen und in den nahen Fluß werfen.

Eines Tages wurden zwei Freunde von mir, zwei sehr gute Freunde, zu den Gaskammern gebracht. Ich sagte ihnen rundheraus, daß sie sterben würden. Sie baten mich um etwas zu essen, und ich gab ihnen alles, was ich hatte. Ich riet ihnen, sich in die Nähe der Öffnungen zu stellen, um schnell zu sterben. Abhängig davon, wo man stand, dauerte das Sterben zwischen zwei und vier Minuten. Als sie tot waren, holte ich sie aus der Gaskammer, wusch sie und legte sie in den Ofen, damit sie verbrannt würden. Es war schrecklich. Nach dem Öffnen der Gaskammern sah man zunächst nur Blut, weil die Menschen verzweifelt an den Wänden kratzten, um herauszukommen. Doch es gab kein Entkommen, sie konnten nirgends hin, und keiner überlebte. Aus Berlin reisten eine ganze Menge hohe Tiere an, um sich das Vergasen anzusehen. Es gab nämlich in den Gaskammern ein hermetisch abgeschlossenes Guckloch, durch das sie beobachten konnten, wie die Juden starben. Wenn nur dreißig oder vierzig Menschen zur Tötung bereitstanden, wurden sie nicht in die Gaskammern geschickt. Wir mußten sie an den Ohren festhalten, damit sie stehenblieben, und die SS erschoß sie von hinten. Nachher mußten wir sie umdrehen und das Blut abwaschen.

Viele glauben, daß die Angehörigen des Sonderkommandos sich schuldig gemacht haben, weil sie diese Arbeit erledigten. Aber wir hatten keine andere Wahl. Hätten wir nicht getan, was man von uns verlangte, wären wir auf der Stelle getötet worden.

Als die Rote Armee auf ihrem Vormarsch immer näher rückte, ließen uns die Deutschen nach Österreich marschieren. Von den Tausenden, die sich auf diesen Marsch begaben, überlebten nur ein paar hundert, darunter 96 Mitglieder von Sonderkommandos. Eines Morgens wachten wir auf und stellten fest, daß es ungewöhnlich still war. Die Deutschen waren verschwunden, und ein paar Stunden später kamen die Amerikaner. Das war am 6. Mai 1945, und ich wog nur noch 30 Kilogramm.

BESEITIGUNG DER LEICHEN

Sommer 1944: Ein Sonderkommando (vgl. S. 157) in Auschwitz-Birkenau schleift Leichen zu den Feuergruben. Wenn die Krematorien die Anzahl der Leichen nicht bewältigen konnten, wurden die Toten in Gruben verbrannt.

Einäscherungsofen in Bergen-Belsen.

Ein Sonderkommando bei der Arbeit in einem Krematorium von Auschwitz-Birkenau.

Lagerwachen von Auschwitz mit Behältern von Zyklon-B, das in den Gaskammern verwendet wurde.

Kopie der Bauzeichnungen der Krematorien II und III, datiert vom 27. Januar 1942.

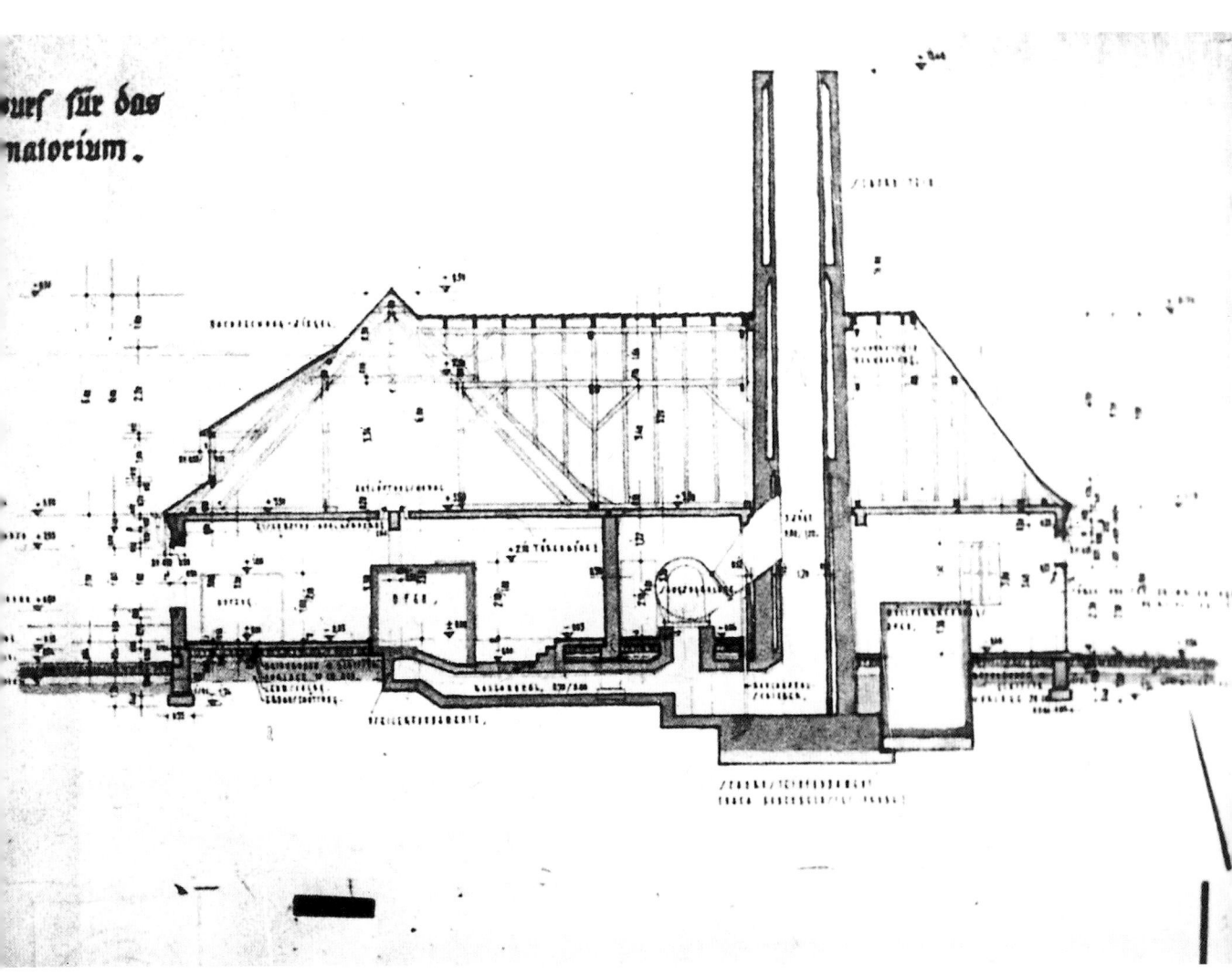

Eines der fünf Krematorien im Todeslager Auschwitz-Birkenau.

BESEITIGUNG DER LEICHEN 169

Bei der Befreiung von Buchenwald am 11. April 1945 entdeckte Eheringe, die den Häftlingen abgenommen worden waren.

Häftlinge beenden ihre Arbeit im Krematorium II von Auschwitz-Birkenau (1943).

Tom Lantos

Budapest war eine prächtige europäische Weltstadt. Seit der Mitte des 19. Jahrhunderts, als die Juden in ihren bürgerlichen, politischen und religiösen Rechten völlig gleichgestellt wurden, wuchs die Beziehung zwischen Ungarn und Juden zu einer unglaublichen Symbiose. Die Bevölkerung Ungarns bestand zu der Zeit nur zu etwa 45 Prozent aus Ungarn, der Rest waren Slowaken, Rumänen, Kroaten, Serben, Deutsche und andere. Um eine ungarische Mehrheit innerhalb Ungarns zu erhalten, erklärte die Regierung die Juden zu Ungarn israelitischen Glaubens. Mit katholischen und protestantischen Ungarn zusammengerechnet, ergab sich eine ungarische Mehrheit. Dies war bis zum Ersten Weltkrieg außerordentlich wichtig. Nach diesem Krieg wurde Ungarn beinahe zwei Drittel seines Territoriums weggenommen. Was übrigblieb, war durch und durch ungarisch: Es gab keine ethnischen Minderheiten mehr. Also gab es auch keinen Grund mehr, warum Juden als Ungarn betrachtet werden sollten. Juden waren wieder Juden. Die ersten antisemitischen Gesetze im Europa des 20. Jahrhunderts wurden nicht in Deutschland, Österreich oder Polen, sondern in Ungarn erlassen. 1923 nahm das ungarische Parlament eine Gesetzesvorlage an, der zufolge die Zahl der zum Universitätsstudium zugelassenen Juden in Relation stehen mußte zum prozentualen Anteil an der Gesamtbevölkerung des Landes.

Wenn man von *den* Juden in Ungarn spricht, bezeichnet man damit in Wahrheit zwei vollkommen unterschiedliche Gruppen. Nämlich zum einen die assimilierten Juden in Budapest und den anderen größeren Städten, und zum anderen die äußerst frommen Juden im Nordosten und Osten Ungarns. Die Mehrheit der Juden in Budapest war vollkommen assimiliert, viele, wie

Tom Lantos und Annette Tillemann, die er später heiratete, als Kinder in Budapest, Ungarn.

„Hitler in Österreich" – Schlagzeile der Zeitung „Függetlenség" (dt. „Unabhängigkeit") vom 13. März 1938.

für das Leben der ungarischen Juden, meine Familie und mich haben würde.

Ich war mir des herrschenden Antisemitismus sehr bewußt. Jüdische Jungen wurden auf ihrem Schulweg oft angegriffen. Es gab eine ungarische Nazibewegung mit einem eigenen Emblem, dem Pfeilkreuz, das während des Krieges zum meist gehaßten und gefürchteten Symbol wurde. Für uns war es schlimmer als das Hakenkreuz, weil die ungarischen Nazis die Deutschen an Brutalität und Grausamkeit noch übertrafen, um zu beweisen, daß sie bessere Nazis und Hitler treuer ergeben waren.

Als Hitler 1941 in die Sowjetunion einmarschierte, brauchte er zusätzliche Soldaten. Er forderte von Ungarn und Rumänien große Kontingente zur Unterstützung der deutschen Truppen an der Ostfront. Beide Länder wetteiferten um Hitlers Gunst, da er Siebenbürgen 1940 zwischen ihnen aufgeteilt hatte. In der Hoffnung auf Gebietsgewinn im Karpatenbecken bemühten sich beide Länder, Hitlers Forderungen nachzukommen. Als ungarische Truppen an die Ostfront geschickt wurden, wurde zum ersten Mal einer großen Anzahl ungarischer Juden der reguläre Dienst in der Armee untersagt. Statt dessen wurden sie an die Ostfront gebracht, um die Drecksarbeit zu erledigen: Sie hoben Schützengräben aus, schleppten Munition, gingen durch Minenfelder, um den Weg für die Truppen freizu-

meine Familie, darüber hinaus sehr patriotisch, Offiziere, Professoren, Schriftsteller, die unglaublich stolz auf ihr kulturelles ungarisches Erbe waren.

Ich wurde 1928 in Budapest geboren. Nachdem Hitler 1933 an die Macht kam, kreisten die Gespräche im Familienkreis meistens darum, was mit uns geschehen würde. Ich erinnere mich zum Beispiel, wie ich 1938 als Zehnjähriger meine erste Zeitung kaufte. Auf dem Weg von der Schule nach Hause sah ich die Schlagzeile „Hitler marschiert in Österreich ein". Ich spürte, daß dieser Augenblick weitreichende Folgen legen. Es waren junge Männer, die an die sowjetische Front geschickt wurden, und die meisten von ihnen kehrten nicht zurück. Alle jungen Männer in meiner Verwandtschaft, all meine Cousins und ein Onkel waren an der Ostfront und kamen dort um.

Meine christlichen Klassenkameraden reagierten unterschiedlich auf den Einmarsch Hitlers. Einige blieben gute Freunde. Andere vermittelten mir das Gefühl, daß sie weiterhin meine Freunde waren, aber nicht mit mir in der Öffentlichkeit gesehen werden wollten, vor allem nicht, nachdem wir den gelben Davidsstern tragen mußten – das war eine der Verordnungen, die die ungarische Regierung nach dem Einmarsch Hitlers erlassen hatte. Und wieder andere stellten sich gegen die Juden im allgemeinen und gegen mich im besonderen.

Einerseits liebte ich noch immer die ungarische Literatur, Musik und Geschichte und beschäftigte mich damit bis in das Frühjahr 1944. Zugleich trat aber auch die Schattenseite, die dunkle Seite des ungarischen Nationalcharakters immer deutlicher zutage. Juden verloren ihren Arbeitsplatz, ihre Geschäfte, das Recht, ihren Beruf auszuüben, und sie wurden verfolgt.

Während eine Handvoll ungarischer Christen half, sah die Mehrheit einfach nur zu, einige mit Bedauern und Trauer, einige mit anderen Gefühlen. Nicht wenigen gefiel die Verfolgung der Juden. Sie befriedigte nicht nur den tief in ihnen verwurzelten Antisemitismus, sondern verschaffte ihnen auch die Möglichkeit, sich die Häuser, die Arbeitsplätze und den Besitz der Juden anzueignen. Die meisten nahmen zwar nicht aktiv teil, ließen es aber passieren. Man hatte nicht den Eindruck, daß die nichtjüdische Bevölkerung auf unserer Seite stand. Man hatte das Gefühl, daß sie gegen uns waren oder wegsahen. Mit vierzehn, fünfzehn, sechzehn Jahren mußte ich mich also mit den widersprüchlichsten Gedanken herumschlagen.

Natürlich fanden in meiner wie in allen anderen Familien immer wieder Debatten darüber statt, ob es besser wäre, das Land zu verlassen, oder ob wir trotz der bedrohlichen Lage zu überleben hoffen konnten. Doch hier war unser Zuhause, hier arbeiteten die Menschen, viele hatten betagte Eltern; Budapest war ihre Welt. Während 1938 zumindest die gebildeten Menschen noch die Möglichkeit zur Auswanderung hatten, konnte 1944 – als Nazideutschland Ungarn besetzte – niemand mehr das Land verlassen.

Die Skala dessen, was die Menschen über die Ereignisse wußten, reichte von beinahe vollkommener Unkenntnis bis hin zur akribischen Beobachtung der Kriegsereignisse. Entscheidend dafür, ob man zu den gut oder schlecht Informierten zählte,

Tom und Annette bei ihrer Aussage für die Shoah Foundation.

war die Frage, ob man BBC empfangen konnte. Die BBC war unsere lebenswichtige Verbindung zur Außenwelt. Jeden Abend schlossen wir die Fensterläden, zogen die Vorhänge vor und drängten uns um den Rundfunkempfänger. Jeden Abend klammerten wir uns an die Nachrichten der BBC. Wir hatten Karten vor uns und zeichneten die Truppenbewegungen Kilometer für Kilometer nach. Wir waren informiert über das, was geschah. Uns war klar, was die Schlacht um Stalingrad bedeutete, und wir wußten, daß ein Wendepunkt erreicht war, als die Nazis zurückgeschlagen wurden. Wir waren überzeugt, daß die Deutschen den Krieg verlieren würden, und glaubten, daß es nur eine Frage der Zeit war, bis sie kapitulieren mußten.

Als Hitler am 19. März 1944 Ungarn besetzte, war ich sechzehn Jahre alt. Ich ging in den Untergrund, einen zunächst eher schlecht organisierten, losen Zusammenschluß kleiner Gruppierungen. Eine kleine Handvoll von Leuten beteiligte sich auch an militärischen Aktivitäten. Unter der Führung von Raoul Wallenberg jedoch begann sich der Untergrund allmählich zu organisieren und nicht nur Lebensmittel und medizinische Versorgung bereitzustellen, sondern auch das Gefühl zu vermitteln, man sei Mitglied einer Gemeinschaft, die unter dem Schutz der Schweden, Schweizer, Spanier oder des Vatikan überleben könnte. Je weiter das Jahr 1944 voranschritt, desto weniger glaubte ich, den Zweiten Weltkrieg zu überleben. Ich hatte das Gefühl, in Ungarn in der Falle zu sitzen, eingekreist von den Nazis, die uns auslöschen würden, bevor die näherrückenden Sowjets uns erreicht hatten. Und natürlich waren das die Pläne Eichmanns und Hitlers. Es war Raoul Wallenberg, der seinen zerbrechlichen Körper zwischen die Kriegsmaschinerie der Nazis und Tausende und Abertausende jüdischer Männer, Frauen und Kinder warf. Ihm ist zu verdanken, daß ich und Zehntausende anderer Juden den Januar 1945 überlebten.

Raoul Wallenberg ist die zentrale Figur in meinem Leben. Er war der Sohn der vornehmsten Familie Schwedens. Im Sommer 1944 kam er im Auftrag der amerikanischen Regierung nach Budapest, um als Mitglied der Schwedischen Botschaft Juden das Leben zu retten. Indem er sie rettete, riskierte er sein eigenes Leben. Er rettete sie vor allem dadurch, daß er „Schutz-Pässe" ausstellte, ein einfaches Papier, das ein Siegel der Schwedischen Botschaft trug. Darauf wurde erklärt, daß der Inhaber dieses Dokuments am Ende des Krieges nach Schweden auswandern wolle und daher mit sofortiger Wirkung unter dem Schutz der Königlich-Schwedischen Regierung stehe. Das war so, als wenn ich erklärte, Sie seien eine Primaballerina des Balletts von St. Petersburg – ohne jede Rechtsgültigkeit. Doch in dem Chaos und Durcheinander des Krieges, und da Wallenberg den Nazis drohte, sie als Kriegsverbrecher bestrafen zu lassen, falls sie die Dokumente nicht anerkannten, retteten diese wertlosen Zettel auf wundersame Weise vielen Menschen das Leben.

Doch nicht nur Menschen, die von Wallenberg ausgestellte Papiere besaßen, wurden gerettet. Denn die Regierungen der Schweiz, Portugals, Spaniens und des

Jüdische Zwangsarbeiterverbände wurden zum Bau und zur Instandhaltung wichtiger Verkehrslinien und Brücken eingesetzt; zudem hoben sie an der Ostfront Schützengräben aus.

Vatikan folgten dem Beispiel. Meine Frau Annette zum Beispiel überlebte dank portugiesischer Papiere, ein Verdienst der Arbeit Wallenbergs.

Der Spruch „Keine gute Tat bleibt unbestraft" hat nie größere Wahrheit besessen als im Fall von Wallenberg. Er ließ die Annehmlichkeiten und die Sicherheit des neutralen Schweden hinter sich und kam in die Hölle, die Budapest im Jahr 1944 darstellte. Auf dem Land waren die Juden bereits in Viehwaggons verladen und nach Auschwitz transportiert worden. Und nun machten sich die Nazis an die Auslöschung der jüdischen Bevölkerung von Budapest. In dieser Situation rettete Wallenberg mit einer Handvoll Helfer das Leben von Zehntausenden von Menschen, deren Leben die Nazis auslöschen wollten, so wie sie die Juden auf dem Land umgebracht hatten.

Und sie brachten sie nicht um. Sie konnten sie nicht umbringen, weil Wallenberg Mut zeigte. Für mich besteht kein Zweifel, daß Wallenberg der größte humanistische Held des Zweiten Weltkriegs war. Hätte es ein paar hundert Raoul Wallenbergs gegeben, die so wie er mit Mut zu der Überzeugung gestanden hätten, daß wir alle die Hüter unserer Brüder und Schwestern sind, dann hätte dieser brutale Alptraum vielleicht abgewendet werden können. Hier war ein Mann, der mit uns weder Staatsangehörigkeit noch Sprache oder Religion teilte – er war Lutheraner. Was wir miteinander teilten, war unser Menschsein. Er war der Überzeugung, daß wir seine Brüder und Schwestern waren. Und er entschloß sich, sein Leben aufs Spiel zu setzen – schließlich ließ er dafür sein Leben, er verbrachte den Rest seines Lebens in sowjetischen

Gefängnissen –, um seine Mitmenschen zu retten. Nichts, was irgendeine Universität unsere Kinder lehren könnte, ist so wichtig wie die Lektion, die Raoul Wallenberg uns lehrt, nämlich daß wir alle unseres Bruders Hüter sind.

Ich hatte das große Glück, sehr arisch auszusehen, groß, blauäugig und blond. Die einzige Gefahr für mich lag darin, daß deutsche oder ungarische Soldaten, hegten sie einen Verdacht, einen zwangen, die Hosen herunterzulassen. Nur Juden waren beschnitten. Ich habe Freunde gehabt, die ihre Hosen ausziehen mußten und auf der Stelle erschossen wurden. Man wußte nie, wem man vertrauen konnte. Man war in einem Dschungel, umgeben von wilden Tieren. Einige wünschten einem nur nichts Gutes, während andere tatsächlich hinter einem her waren. Der erste Schritt des Widerstands bestand darin, den gelben Davidsstern nicht zu tragen. Die Strafe

Tom kehrt mit vier seiner 17 Enkel zu der Brücke in Nordungarn zurück, an der er während der deutschen Besetzung als Zwangsarbeiter eingesetzt war.

Juden auf dem Bahnsteig des Budapester Jozsefváros-Bahnhofs, Ungarn, im Herbst 1944. Rechts, mit hinter dem Rücken gefalteten Händen, steht Raoul Wallenberg. Offenbar verhandelt er über Freiheit und Leben der von der Deportation in ein Konzentrationslager bedrohten Juden.

dafür konnte alles sein. Wenn der Mann, dem man über den Weg lief, ein Ungeheuer war, erschoß er einen an Ort und Stelle. Viele Menschen kamen so zu Tode. Wenn er weniger boshaft war, warf er einen ins Gefängnis oder schlug einen zusammen.

Ich wurde erwischt und in ein Zwangsarbeitslager verschleppt. Gemeinsam mit anderen brachte man mich zu einer strategisch wichtigen Eisenbahnbrücke nördlich von Budapest. Unsere Aufgabe war es, die Brücke zu reparieren, die von britischen und amerikanischen Bombern immer wieder beschädigt wurde. Die Brücke gehörte zu einem Verbindungsweg, der für das deutsche Heer wichtig war, und die Alliierten wußten das. Sie leisteten wirklich gute Arbeit. Einerseits wollten wir nicht, daß die Brücke bombardiert wurde, denn das bedeutete, daß wir sie reparieren mußten. Andererseits wünschten wir ihnen Erfolg, weil sie unsere einzige Hoffnung auf Befreiung waren.

Ich floh aus dem Arbeitslager, wurde wieder eingefangen und halb zu Tode geprügelt. Nach einem zweiten Fluchtversuch gelang es mir, mich nach Budapest und zu Wallenberg durchzuschlagen. Ich wurde einer unter Hunderten unwichtiger kleiner Leute, ein Rädchen in der Wallenberg-Maschine, die vielen Tausend ungarischen Juden das Leben rettete.

Als ich in das Arbeitslager geschickt wurde, hielten sich meine Eltern noch in Budapest auf. Dann wurde meine Mutter deportiert und später auch mein Vater. Ich weiß nicht, was mit meiner Mutter geschah. Mein Vater überlebte den Krieg. Mir war genauso wie den anderen klar, daß Familien zusammen nicht überleben würden. Sollte es uns überhaupt gelingen zu überleben, dann nur, wenn wir uns trennten. Die Deutschen ließen es nicht zu, daß Familien als Einheiten funktionierten. Der Gedanke, daß ich als sechzehnjähriger Junge meine Eltern verlassen sollte, war mir noch nie gekommen. Ich konnte nichts für meine Eltern tun, und sie nichts für mich. Ich war nicht mehr jung. Ich war sehr alt. Ich war sechzehn, aber ich war sehr alt. Die Blutbäder, die Brutalität, der Tod, all die Grausamkeiten, die ich in diesen wenigen Monaten von März 1944 bis Januar 1945 sah, machten aus mir einen sehr alten jungen Mann.

Wallenberg mietete einige große Wohnhäuser, die meisten am Donauufer gelegen, und ließ Schilder anbringen, auf denen zu lesen war, daß alle Bewohner dieser Häuser unter dem Schutz der Königlich-Schwedischen Regierung standen. Ich kam in einem dieser von Wallenberg beschützten Häuser unter, und zwar im zweiten Stock des Hauses St. Stephans Park Nr. 25. Stephan der Heilige war Ungarns erster König, und der Park wie auch die Häuser

Das vom Krieg zerstörte Budapest im Jahr 1945.

existieren noch heute. Die meisten Häuser in dieser Gegend wurden von Menschen der gehobenen Mittelschicht bewohnt und waren ursprünglich sehr schön. In den Wohnungen mit ihren drei Schlafzimmern, in denen vielleicht vier, fünf oder sechs Menschen gelebt hatten, drängten sich nun plötzlich sechzig, siebzig Menschen.

In der Wohnung, in der ich unterkam, lebte ein Mann, der unter Asthma litt. Es gehörte zu meinen Aufgaben, ohne den Davidsstern in die Stadt zu gehen, um als nichtjüdischer Ungar Medikamente für diesen Mann zu kaufen. Ich überbrachte auch Botschaften, beschaffte Lebensmittel und Arzneibedarf. Es gab nur wenige unter uns, die man für Christen halten konnte, und ich war einer von ihnen.

Das Wort „unter Schutz" ist irreführend, denn die Menschen, die in diesen „beschützten Häusern" lebten, konnten jederzeit abgeholt werden. Eines Tages wurden die Menschen aus unserem Nachbarhaus von Soldaten oder Polizisten – Ungarn oder Deutsche – aus ihrem Haus geholt und zum Ufer der Donau gebracht. Einer nach dem anderen wurden sie erschossen und ihre Leichen in den Fluß geworfen. So einfach ging das. Diese Häuser boten also nur Schutz, wenn man Gott und Glück auf seiner Seite hatte.

Budapest war eine große Stadt, zwei Millionen Menschen. Es gab zwar jüdische Viertel, aber viele Juden lebten über die ganze Stadt verstreut. Die Deutschen konnten hier keine Massendeportationen durchführen wie in einer Stadt mit 15.000 Einwohnern, in der jeder wußte, wer Jude war und wer nicht. Sie mußten erst eine Möglichkeit finden, um alle Juden in einem überschaubaren Areal zusammenzutreiben. Das taten sie, indem sie zwei Ghettos errichteten, eines um die größte Synagoge der Stadt herum und ein internationales Ghetto an der Donau, das vor allem die unter dem Schutz von Wallenberg und der Botschaften anderer Länder stehenden Häuser umfaßte. Da sich der Krieg jedoch dem Ende näherte, während diese Vorbereitungen stattfanden, wurde es immer schwieriger, Massendeportationen mit der Eisenbahn durchzuführen. Die Deutschen befanden sich militärisch in einer immer verzweifelteren Lage. Viehwaggons standen kaum noch zur Verfügung. Kurz vor dem Ende wurden noch Hunderte von Menschen auf einen Zwangsmarsch an die österreichische Grenze geschickt. Es waren vor allem ungarische Nazis mit ihren Hunden, die diesen riesigen Troß mit vorwiegend alten Menschen, Frauen und Kindern bewachten. Viele starben auf dem Weg. Und noch mehr starben, als sie endlich ihr Ziel erreicht hatten. Wallenberg schaltete sich noch einmal heldenhaft ein, indem er an die österreichisch-ungarische Grenze fuhr und dort etliche Menschen herausgriff und erklärte, sie seien schwedische Staatsbürger. Es waren die letzten chaotischen Wochen und Tage des Zweiten Weltkrieges in Ungarn, geprägt vom Sadismus, der Grausamkeit, der Irrationalität der deutschen und ungarischen Nazis.

Von der Ankunft der Roten Armee erfuhren wir durch die BBC und den Geschützdonner. Wir hörten die Artillerie immer näher herankommen. Eines Nachts dann, es war etwa ein Uhr, herrschte plötzlich große Aufregung im Haus, und eine Gruppe sowjetischer Soldaten drang in das Gebäude. Es gab zwei oder drei Menschen in unserem Haus, die etwas Russisch sprachen. Sie sagten den Soldaten, wer wir waren, und glücklicherweise war der kommandierende Offizier ein sehr intelligenter und gebildeter Mann, der die Situation begriff. Zu unserem Schutz postierte er einige seiner Leute rings um das Haus. Als wir schlafen gingen, waren wir noch in der Hand der Nazis gewesen, und als die Morgendämmerung hereinbrach, hatte uns die sowjetische Armee befreit. Das war ein Gefühl des vollkommenen Glücks. Es war, als ob man sich einer Operation unterzogen hatte, bei der man mit 99,9prozentiger Sicherheit sein Leben verliert und doch überlebte. Je näher dieser Tag gerückt war, desto überzeugter war ich gewesen, daß ich

nicht überleben würde. Das war Realismus. Trotz allem – ich habe es geschafft.

Und selbstverständlich fragten wir uns nun auch, wer sonst noch überlebt hatte: War die Mutter, der beste Freund, die Freundin noch am Leben? Für mich war es besonders schmerzlich, daß ich seit Monaten keine Gewißheit darüber hatte, ob meine Mutter oder andere Mitglieder meiner Familie je zurückkehren würden. Erst im Sommer 1945 wurde mir schmerzlich bewußt, daß meine Mutter nicht mehr lebte. Es gab allerdings noch viel furchtbarere Geschichten als die meine. Ich weiß von einer jungen – verheirateten – Frau, deren Mann Auschwitz überlebt hatte und nach Budapest zurückkam. Noch auf der Suche nach seiner Frau wurde er von sowjetischen Soldaten aufgegriffen und nach Sibirien deportiert. Als er einige Jahre später zurückkehrte, mußte er feststellen, daß seine Frau erneut geheiratet und ein Kind bekommen hatte. Solche Geschichten waren an der Tagesordnung, viele ungarische Juden erlebten im Zweiten Weltkrieg ähnliches.

Nach der Besetzung Budapests durch sowjetische Truppen waren wir, die wir in der Stadt lebten, dem Willen der russischen Befreiungsarmee unterworfen. Deren Schikanen reichten von der Vergewaltigung ungarischer Jungen durch kräftige Russinnen bis hin zum Zusammentreiben von Menschen, die dann nach Sibirien verschleppt wurden, wo sie über Jahre verschwunden blieben. Doch die üblichen Plünderungen waren im Vergleich mit dem Holocaust relativ unbedeutende Zwischenfälle. Ich will damit sagen, trotz der Übergriffe der sowjetischen Truppen, die nicht selten und zum Teil sehr schrecklich waren, fühlten wir uns befreit.

Kurz nach Ende des Krieges entdeckte ich eines Tages auf dem Universitätsgelände die Mitteilung, daß Menschen, die Englisch sprachen, sich um ein Stipendium in den USA bewerben konnten. Ich bewarb mich, glaubte aber im Traum nicht daran, daß man mich auswählen würde. Als ich dann das Stipendium tatsächlich bekam, war ich überglücklich. In einem vollkommen überfüllten Zug verließ ich am 8. August 1947 Budapest und fuhr über Wien und Paris weiter. Ich ging zum Hafen hinunter und fand mein Schiff, den umgebauten Truppentransporter *SS Marine Falcon*. Nachdem ich meine Koje belegt hatte, wurde zum „chow" (zum Essenfassen) gerufen. Ich hatte keine Ahnung, was „chow" war. Aber ich stellte mich trotzdem in die Schlange – zu der Zeit drehte sich für mich selbstverständlich immer noch alles ums Essen. Ich hatte lange Zeit, über Jahre hinweg, gehungert. Ich träumte vom Essen, es stand im Zentrum meines Denkens und Handelns. Und jetzt häuften diese wunderbaren Menschen all diese

Der umgebaute Truppentransporter SS Marine Falcon, *auf dem Tom Lantos nach Amerika reiste.*

Das Ende der deutschen Besetzung von Budapest im Februar 1945.

Tom und Annette Lantos mit vier ihrer 17 Enkel. Von links nach rechts: Corban Tillemann-Dick, Kismet Swett, Chanteclaire Swett und Liberty Tillemann-Dick in der Budapester Synagoge in der Dohany-Straße, Ungarn.

wunderbaren Dinge auf ein großes Metalltablett. Am Ende der Schlange stand ein riesiger Weidenkorb mit Apfelsinen und ein zweiter mit Bananen. Meine Mutter hatte mir gutes Benehmen beigebracht, doch jetzt wußte ich nicht, wie ich mich höflich und korrekt verhalten sollte. Also fragte ich einen Seemann: „Sir, was darf ich mir nehmen, eine Banane oder eine Apfelsine?" Und er antwortete: „Mann, Sie können soviel essen, wie Sie wollen." Und da wußte ich, daß ich im Paradies war.

Meine Eltern standen den Vereinigten Staaten sehr positiv gegenüber und wußten viel aus Büchern darüber, selbst wenn sie nie dort gewesen waren. Auch ich hatte viel gelesen. Theoretisch war mir das Land also nicht unvertraut. Doch als die *SS Marine Falcon* in den Hafen von New York einlief und ich die unglaubliche Skyline und den immensen Reichtum dieser Stadt sah, fühlte ich mich wie ein naives kleines Kind vom Dorf. Ich kaufte eine Zugfahrkarte zweiter Klasse von New York nach Seattle. Zur University of Washington.

Mein Leben heute erscheint mir vor dem Hintergrund meiner Geschichte wie ein Wunder. Ich genieße das Privileg, dem Kongreß der Vereinigten Staaten dienen zu dürfen. Ich denke an mein Leben vor fünfzig Jahren zurück, als ich ein gejagtes Tier in einem Dschungel war, und heute befasse ich mich mit den Angelegenheiten eines Landes, das ich von ganzem Herzen liebe. Es erscheint mir wie ein Traum und bürdet mir eine große Verantwortung auf. Ich habe das, was ich erreicht habe, nicht mir, sondern diesem Land zu verdanken.

Meine Frau Annette und ich kennen uns schon unser ganzes Leben lang. Wir wuchsen in Budapest zusammen auf, und mittlerweile sind wir neunundvierzig Jahre verheiratet. Wenn die nächsten neunundvierzig nur halb so schön sind wie die ersten, dann bin ich ein glücklicher Mensch. Wir haben zwei Töchter, die schon früh zu uns kamen und uns erzählten, daß sie ein besonderes Geschenk für uns planten: Weil unsere Familien vom Holocaust ausgelöscht waren, wollten sie uns eine große Nachkommenschaft bescheren. Wir sind mit siebzehn wunderbaren Enkeln gesegnet.

Menschen wie ich überlebten aus drei Gründen. An erster Stelle ist die Gegenwart und das heldenhafte Verhalten Raoul Wallenbergs zu nennen. Ohne ihn hätte keiner von uns überlebt. Zweitens waren es vielleicht auch unsere Fähigkeiten, unser physisches Durchhaltevermögen, die uns gerettet haben. Und drittens hatten wir einfach Glück. Wäre ich einer Nazipatrouille in die Hände gefallen und hätten sie mich gezwungen, die Hose auszuziehen, wäre ich auf der Stelle getötet worden. Ich nehme an, diese beiden Faktoren – Wallenberg und Glück – sind entscheidend gewesen.

Die sowjetische rote Fahne über Budapest (1945).

BEFREIUNG

Ein Überlebender entlaust sich nach seiner Befreiung aus Bergen-Belsen.

Befreite Überlebende hinter dem Zaun von Bergen-Belsen im Januar 1945.

Ein überlebender französischer Häftling aus dem Konzentrationslager Dora-Nordhausen nach der Befreiung durch die 1. US-Armee 1945.

Ein ungarischer Jude, einer der wenigen Gefangenen in Bergen-Belsen, die noch laufen konnten.

BEFREIUNG 191

Überlebende Gefangene am Lagerzaun von Auschwitz.

Dokumente eines ehemaligen Häftlings des Konzentrationslagers in Dachau, die der Zentralkommission für die Aufklärung nationalsozialistischer Verbrechen als Beweis vorgelegt wurden.

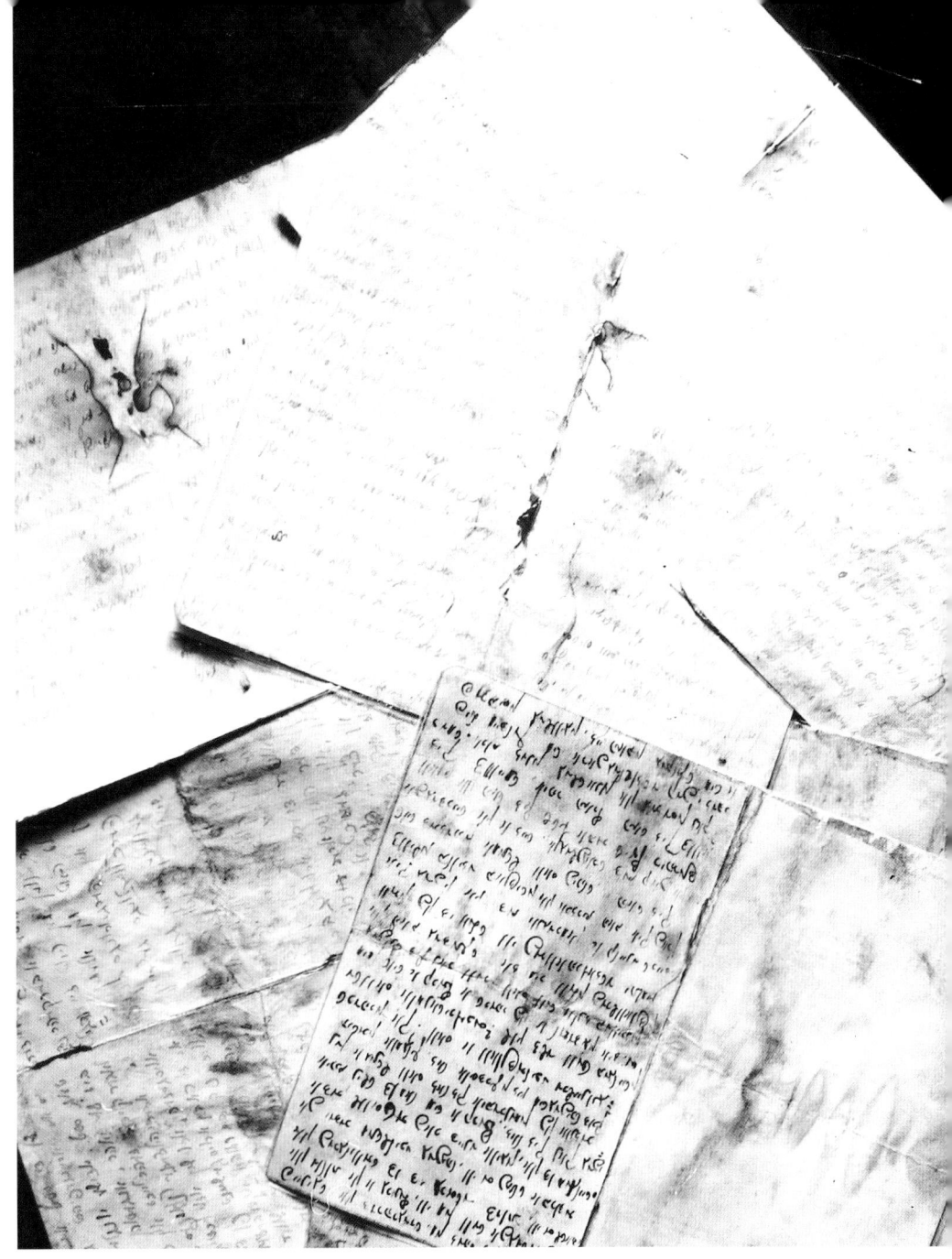

In diesen in Auschwitz entdeckten Unterlagen wird die Massenvernichtung der Juden detailliert dokumentiert. Die auf Hebräisch verfaßten Dokumente stammen von einem unbekannt gebliebenen Lagerinsassen, der Arbeit im Krematorium verrichten mußte.

Sowjetische Soldaten aus Stalingrad marschieren durch die Straßen von Budapest.

Beim Vormarsch sowjetischer Truppen kam es in Budapest immer wieder zu Straßenkämpfen wie hier im Januar 1945.

Ungarische Soldaten suchen die verlassenen Häuser Budapests nach deutschen Sprengfallen und Tretminen ab (Februar 1945).

Holzkreuze auf einem durch Bomben zerstörten Friedhof in Budapest.

Die Gefangenen des Konzentrationslagers Dachau feiern ihre Befreiung durch amerikanische Truppen. Das Lager bestand seit seiner Gründung im März 1933 während der gesamten zwölf Jahre des Dritten Reichs.

Freilassung von Gefangenen des Konzentrationslagers Auschwitz.

Das schreckliche Szenario der Massenvernichtung im Konzentrationslager Nordhausen.

Dr. Fritz Klein, der Lagerarzt von Bergen-Belsen, war für die zahlreichen Versuche an Häftlingen verantwortlich. Zu sehen ist seine Festnahme durch britische Soldaten nach der Befreiung des Lagers im April 1945.

Ein ganzer Zug voller Zwangsarbeiter aus Konzentrationslagern war zu Tode geprügelt und in einem Wald verscharrt worden. Deutsche Zivilisten werden gezwungen, die Leichen zu exhumieren und in Gräbern zu bestatten.

Befreiung 203

Weibliche Gefangene, die bei der Beseitigung der Greuel in Bergen-Belsen helfen, schaffen eine Leiche beiseite.

Befreiung   205

Festgenommene SS-Männer in Bergen-Belsen laden Leichen auf einen Lastwagen, um sie zu begraben.

Überlebende Gefangene sitzen zwischen Leichen. Bergen-Belsen 1945.

BEFREIUNG

Befreite Gefangene verwenden einen Berg von Schuhen als Brennmaterial.

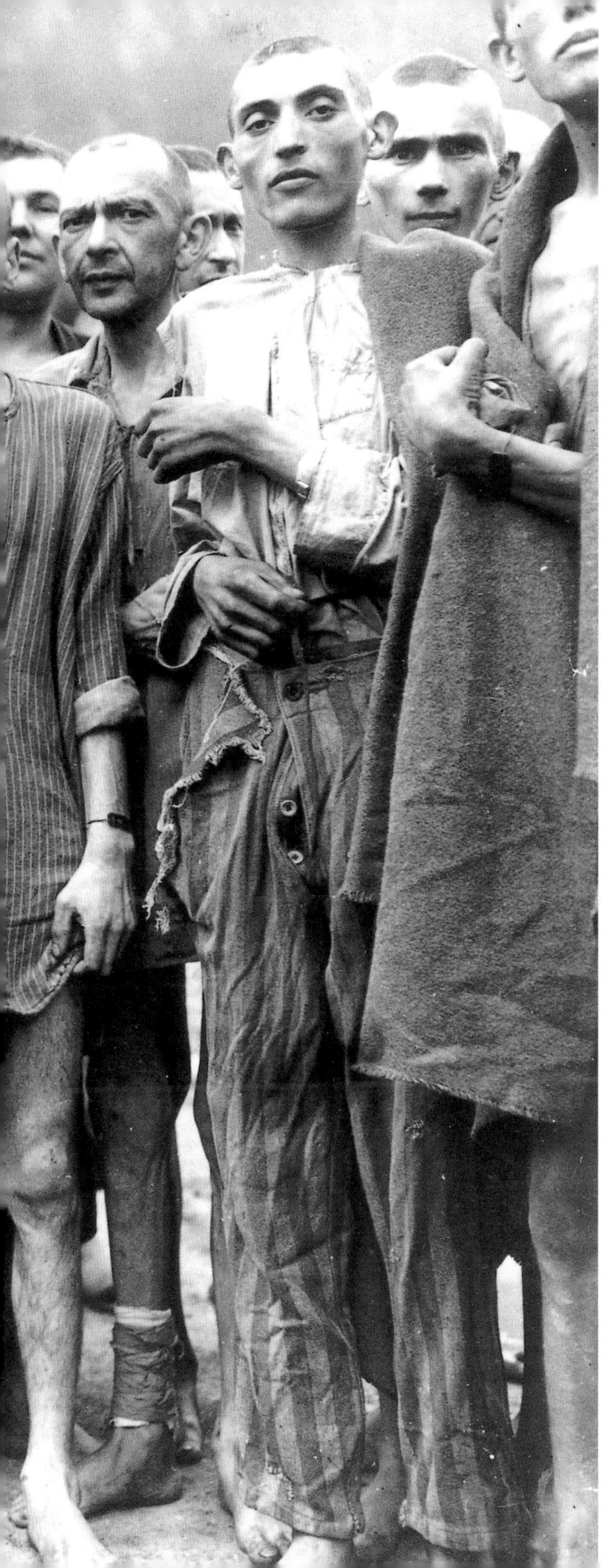

BEFREIUNG

Ausgemergelte Überlebende eines der größten Konzentrationslager der Nazis im österreichischen Ebensee. Das Lager wurde am 7. Mai 1945 von der 80. Division der 3. US-Armee befreit.

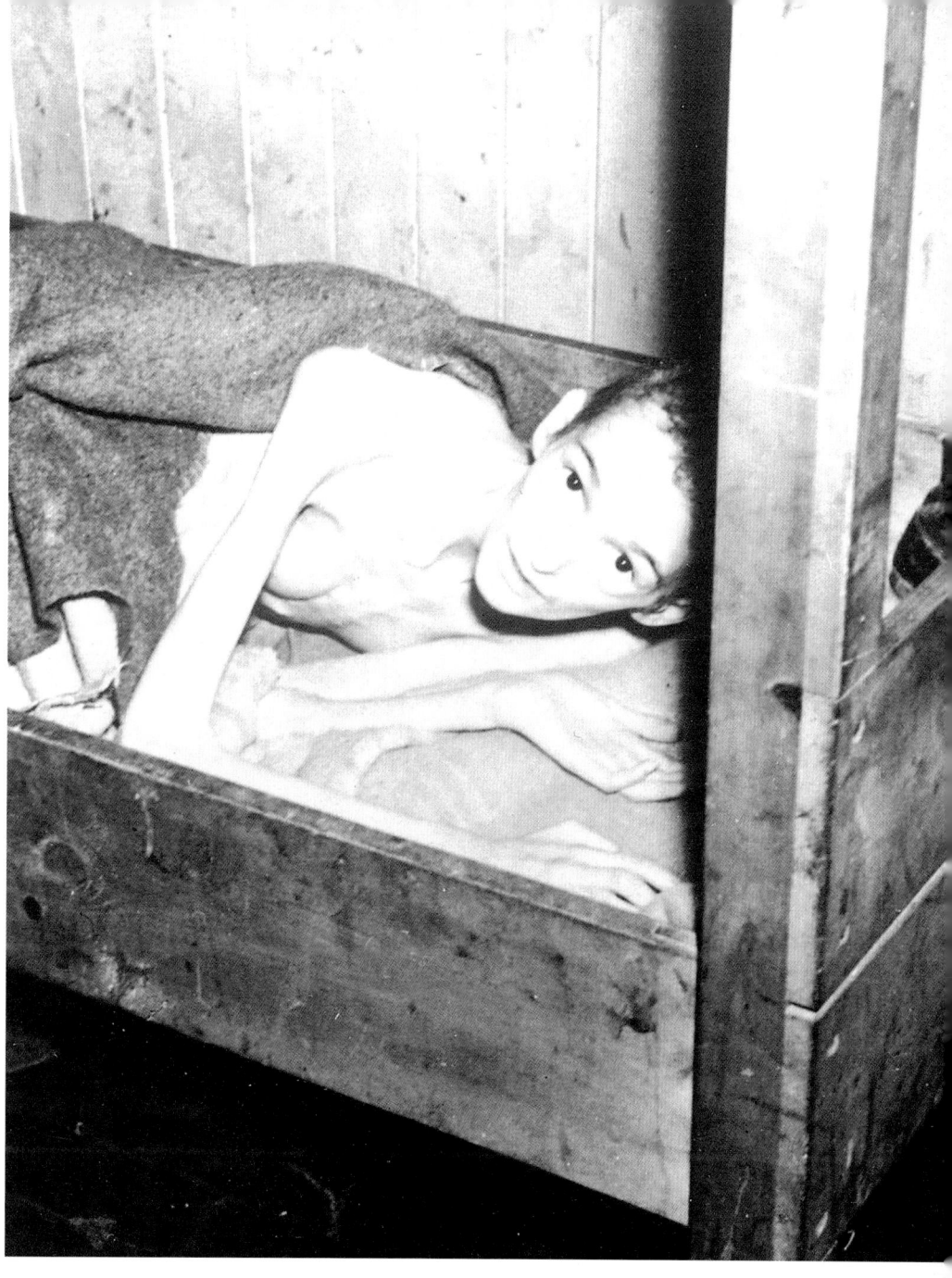

Überlebende Häftlinge im Konzentrationslager Buchenwald.

Eine ausgezehrte Gefangene, die mit Typhus in einer Krankenbaracke von Bergen-Belsen liegt.

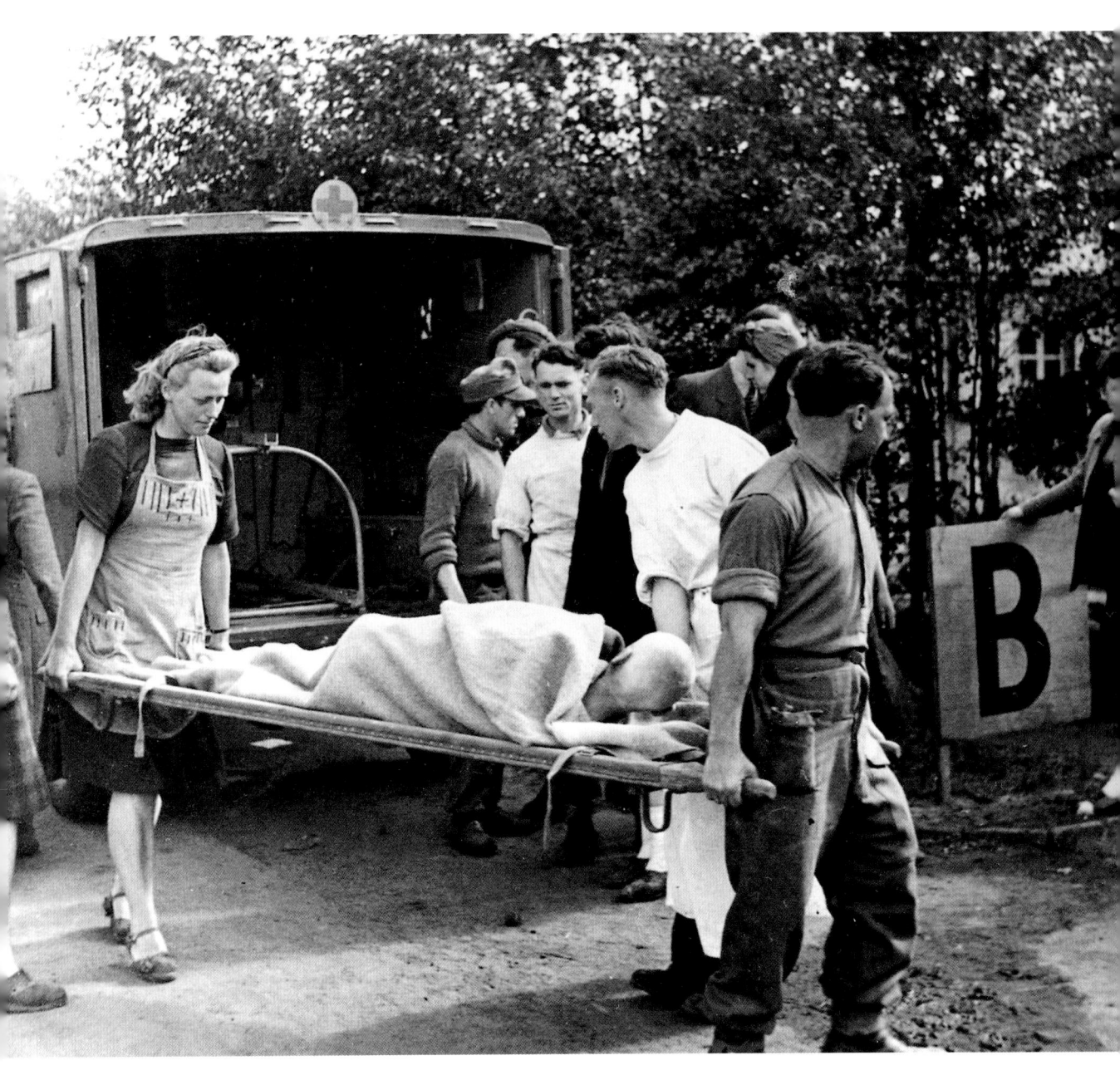

Ein an Typhus Erkrankter wird mit Hilfe deutscher Zivilisten in ein britisches Militärhospital überführt.

Alice Lok Cahana (liegend) und Mitgefangene bei der Zubereitung einer Mahlzeit kurz nach der Befreiung in Bergen-Belsen.

Links: Ein sowjetischer Militärarzt untersucht Häftlinge in Auschwitz-Birkenau. Januar 1945.

Mitarbeiter des Roten Kreuzes tragen einen Jugendlichen aus dem Todeslager Auschwitz-Birkenau.

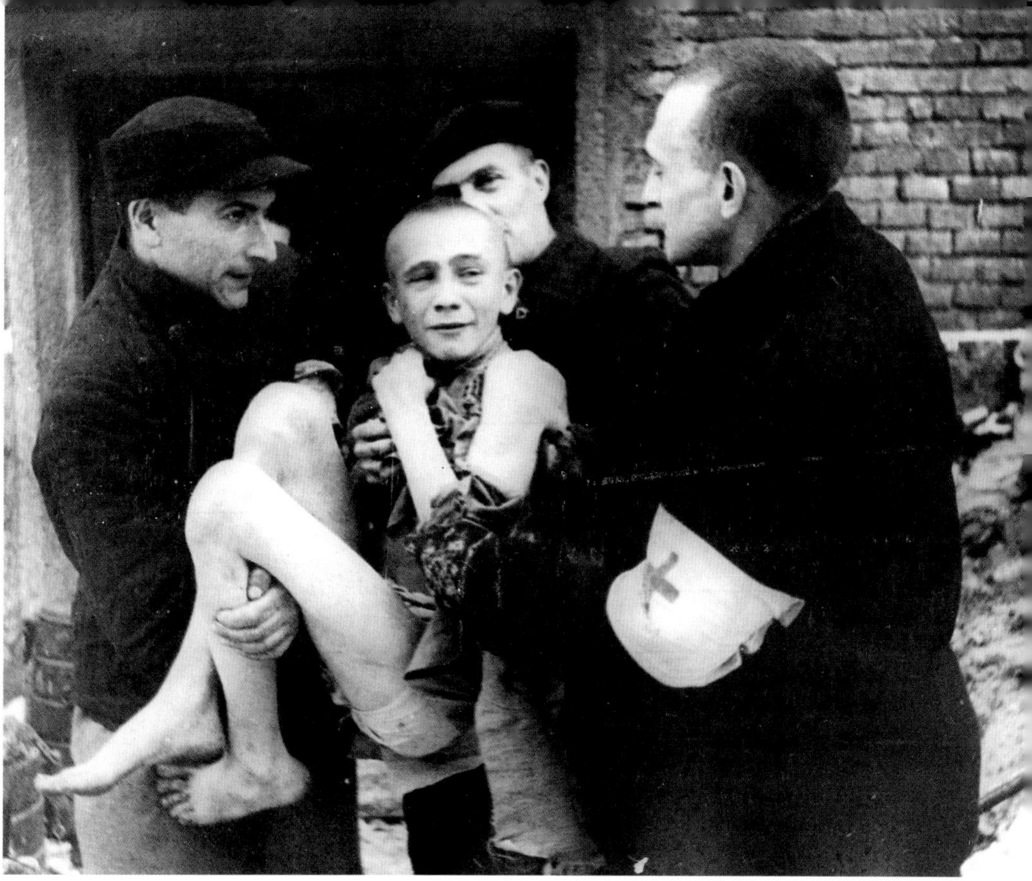

Häftlinge ruhen sich nach der Befreiung in den Lagerbaracken von Bergen-Belsen aus.

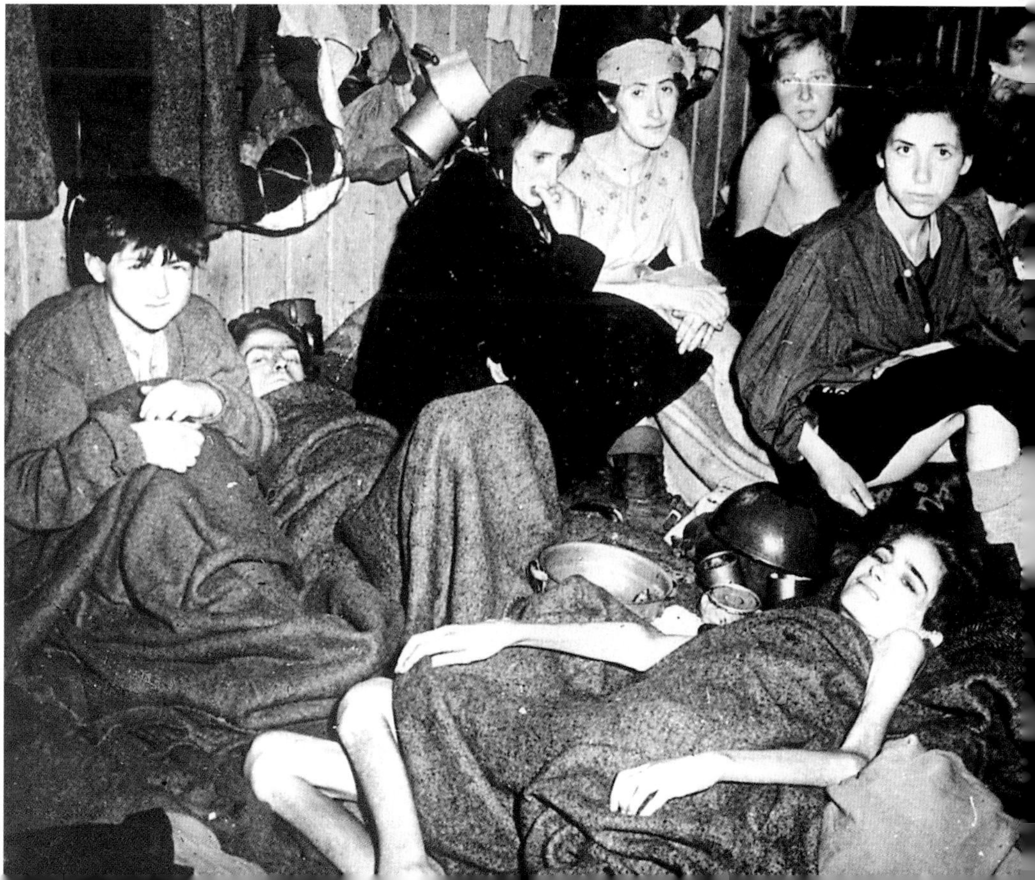

BEFREIUNG

217

Widerwillige Zeugen: Deutsche Zivilisten werden durch Buchenwald geführt, um die verübten Greueltaten mit eigenen Augen zu sehen.

Deutsche Zivilisten betrachten einen Knochenhaufen, die Überreste von etwa 400 Gefangenen aus Buchenwald.

Hinweistafel am Eingang vom Konzentrationslager Bergen-Belsen:
„Hier stand das berüchtigte Konzentrationslager Bergen-Belsen. Am 15. April 1945 von den Briten befreit. 10.000 nicht begrabene Leichen wurden hier gefunden, weitere 13.000 sind seitdem gestorben, alle sind die Opfer der neuen deutschen Ordnung in Europa und ein Beispiel für die Kultur der Nazis."

Jüdische Emigranten verlassen Deutschland nach Ende des Zweiten Weltkriegs.

In Zusammenarbeit mit der US-Einwanderungsbehörde organisiert die HIAS ein Meldebüro für Ausländer, um bei der Registrierung von Nicht-US-Bürgern behilflich zu sein. New York, 1952.

Rechts: Die letzte Ruhestätte für ungefähr 5.000 Opfer des Konzentrationslagers Buchenwald.

Drei Soldatengeschichten

Dr. Paul Parks

In der Stadt Indianapolis, wo ich aufwuchs, lebte eine autonome schwarze Gemeinde: Polizisten und Feuerwehrmänner waren schwarz, alle Lehrer an unserer Schule und ihr Direktor waren schwarz. Die einzigen Weißen, die in meiner Straße lebten, waren Vern und Gabe Seigel, die einen kleinen jüdischen Laden betrieben. Mein Vater war ein Seminole-Indianer, meine Mutter halb schwarz, halb indianisch. Sie waren dazu überredet worden, das Reservat in Florida zu verlassen und nach Indiana zu ziehen, damit mein Vater in einer der Gießereien arbeiten konnte, wo er eine Menge Geld zu verdienen hoffte. Er ging nach Marion mit der Vorstellung, daß sich ihm hier eine Menge Chancen eröffnen würden, mußte dann aber feststellen, daß er nichts weiter als ein Gießereiarbeiter war. Als er Tuberkulose bekam, zogen wir nach Indianapolis, weil es dort ein Sanatorium gab.

Ich erfuhr schon früh, was Diskriminierung ist, weil sich meine Familie von den anderen unterschied. Meine Mutter paßte sich sehr schnell an die neue Umgebung an, mein Vater dagegen trug auffallend andere Kleidung und blieb mit seinen Gedanken einer Welt verhaftet, in der er fischen und jagen konnte, um seine Familie zu ernähren. Die einzigen Leute, die sich aufgrund ihrer ethnischen Herkunft ebenso stark von den anderen unterschieden, waren Daniel und seine Familie. Er und ich wurden sehr enge Freunde, weil wir uns ständig gegen die schwarzen Kinder verteidigen mußten, die uns beschimpften und angriffen. Meine Mutter erklärte uns immer wieder, wir sollten stolz darauf sein, anders zu sein, und sie sagte mir auch, daß ich nicht gewinnen könnte, wenn ich mich mit jedem anlegte.

Ich verließ unser Viertel erst, als ich auf die Purdue University ging. Dort war alles anders, denn es gab nur sieben schwarze

Studenten. Nie zuvor hatte ich mit Weißen in einer Klasse gesessen, es war eine vollkommen neue Erfahrung. Als Schwarze durften wir nicht im selben Wohnheim wohnen wie die Weißen, bekamen im Speisesaal eigene Tische zugewiesen, und es war uns verboten, mit weißen Mädchen auszugehen. Ein Verstoß gegen diese Regeln hatte den Rausschmiß von der Universität zur Folge. Immer wieder drängte man uns, uns im Fachbereich Landwirtschaft einzuschreiben, weil wir als Farmer jederzeit einen Job fänden, als Ingenieure dagegen keine Chancen auf dem Arbeitsmarkt hätten. Die Universität rühmte sich nämlich, für jeden ihrer Absolventen eine Stelle zu finden. Für einen schwarzen Ingenieur aber, so versicherten sie uns, sei es vollkommen unmöglich, Arbeit zu bekommen. Ich war entschlossen, trotzdem Ingenieurwesen zu studieren, und teilte das dem Rektor auch mit. Zugleich aber lebte ich in der ständigen Furcht, Ärger zu bekommen. Unter solchen unangenehmen Bedingungen lebten wir damals.

Das war 1941. Doch schon im darauffolgenden Sommer mußte ich zur Armee. Es gab ein neues Gesetz, demzufolge Achtzehnjährige eingezogen wurden. Allerdings wurden Ausnahmen gemacht, wenn jemand sehr gute Noten hatte. In so einem Fall konnte man von der Universität zurückgestellt werden, bis man seine Ausbildung beendet hatte. Ich war gerade achtzehn geworden, hatte gute Noten und glaubte daher, man werde mich zurückstellen. Dann bekam ich einen Brief von der Rekrutierungsstelle, den ich auf den Rat eines Freundes hin ignorierte. Kurze Zeit später wurde mir mitgeteilt, ich hätte mich innerhalb von achtundvierzig Stunden beim Rekrutierungsbüro zu melden. Daraufhin wurde ich bei der Universitätsleitung vorstellig, und man gab mir einen versiegelten Brief mit. Es war das letzte Mal, daß ich jemandem einen mich betreffenden Brief überbracht habe, ohne ihn vorher zu lesen. Ich lieferte also den Brief ab, in dem es hieß: „Wir empfehlen, diesen jungen Mann umgehend zu rekrutieren." Als ich den Rektor der Universität fragte, warum er das geschrieben habe, erklärte er mir lediglich, daß ich Ärger gemacht hätte.

Wenn ich heute Menschen sehe, die den Holocaust überlebt haben, wird mir bewußt, wie sehr sich das Schicksal der Juden in Deutschland von dem der schwarzen Sklaven unterscheidet. Die Schwarzen, die nach Amerika kamen, waren Sklaven, bis zum Bürgerkrieg lebten sie nicht als freie Menschen in diesem Land. Das muß man den Leuten erklären, die fragen, warum die Juden den Holocaust über sich ergehen ließen. Sie lebten unter Menschen, die sie als Freunde und Nachbarn betrachteten, und Deutschland war

Dr. Paul Parks mit der Menora, die ihm ein von ihm befreiter Häftling von Auschwitz hinterließ. Der Überlebende hatte es fertiggebracht, die Menora während seiner Haft zu bauen.

ein Land, dem sie vertrauten. Sie waren Teil dieses Landes, das sie mit aufgebaut hatten und in dem sie in Freiheit und in Wohlstand lebten. Es muß ihnen schwergefallen sein, der Tatsache ins Auge zu sehen, daß ihre Landsleute sie zusammentreiben und derart furchtbar behandeln konnten. Als die Deutschen damit begannen, Listen zu erstellen, in denen die Juden registriert wurden, hielten sie dies für einen ganz normalen Vorgang. Sie ahnten nicht, daß das bereits ihr Todesurteil war. Ich glaube, man kann es mit der Volkszählung hier in den Vereinigten Staaten vergleichen, bei der festgestellt werden sollte, wie viele Schwarze, wie viele Weiße und wie viele Menschen anderer Rassen hier leben. Jeder geht davon aus, daß die so gewonnenen Informationen positiv genutzt werden. Wir kämen gar nicht auf den Gedanken, daß die Regierung der Vereinigten Staaten die Ergebnisse dieser Volkszählung dazu benutzen könnte, um uns zu vernichten.

Der Holocaust war eine Form von Sklaverei. Einige der versklavten Juden wurden zu Zwangsarbeit verpflichtet oder zur Verrichtung bestimmter Tätigkeiten aufgrund besonderer Fähigkeiten. Es gibt also Parallelen zwischen Sklaverei und Holocaust. In die Vereinigten Staaten wurden damals auch Afrikaner gebracht, die kriegerischen Stämmen angehörten. Sie wehrten sich und wurden deshalb getötet. Man entledigte sich ihrer, weil sie das System der Sklaverei gefährdeten. Ich denke, all dem liegt die Überzeugung zugrunde, daß einige Menschen glauben, sie seien besser, wichtiger als andere. Daß sie in der von ihnen willkürlich festgelegten Hierarchie ganz oben stünden und alle anderen weit unter ihnen. Das war auch die Überzeugung der Deutschen. Sie sahen in den Juden eine Bedrohung und fürchteten, daß sie die Herrschaft über das Land gewinnen könnten. Also beschlossen sie, die Juden loszuwerden. In diesem Fall sollte die Sklaverei den Untergang der Wirtschaft eines Landes verhindern, während im anderen mit Hilfe der schwarzen Sklaven eine Wirtschaft aufgebaut wurde.

Wenn ich heute Überlebenden des Holocaust begegne, ähnlich den Menschen, die ich damals in Dachau gesehen habe, bin ich erstaunt, wie gut sie aussehen. Kommen sie dann jedoch im Laufe des Gesprächs auf ihre ermordeten Familienmitglieder zu sprechen und auf das, was sie selbst durchgemacht haben, laufen ihnen Tränen übers Gesicht. Einer meiner Freunde kann nicht vergessen, was geschehen ist, aber er weint keine Tränen der Trauer mehr, sondern Tränen der Freude über das Leben, das er als Erwachsener in Amerika führen konnte. Ich wünschte, möglichst viele Menschen könnten hören, was dieser Mann zu sagen hat. Sie würden begreifen, daß das, was wir haben, so wertvoll und so wichtig ist, daß es nicht durch Menschen mit unsinnigen Vorurteilen zerstört werden darf.

Was unsere Rolle gegen Ende des Krieges angeht, so hatte mir ein Mann aus Boston, ein Mitglied des Stabs von General Eisenhower, erklärt, man sei zu dem Schluß gekommen, als Befreier der Lager möglichst schwarze Soldaten einzusetzen – schwarze Soldaten aus den Vereinigten Staaten. Er sagte, daß sie der Überzeugung wären, die Menschen in den Lagern würden sich beim Anblick von schwarzen Soldaten sicherer fühlen. Das war keine absurde, grausame Finte. Menschen, die uns ins Lager kommen sahen – mit einigen von ihnen bin ich bis auf den heutigen Tag befreundet –, haben mir bestätigt: „Als wir euch sahen, wußten wir, daß wir keine Deutschen vor uns hatten . . . wir wußten, daß ihr Amerikaner sein mußtet." Es hat also funktioniert.

Nach dem Krieg ging ich aufs College zurück, zurück nach Purdue. Mein erster Weg führte mich in das Büro des Dekans, und ich sagte zu ihm: „Ich bin zurückgekommen und habe mich an dieser Universität eingeschrieben." Er protestierte, das ginge nicht, ich brauchte gar nicht erst zu versuchen, meinen Abschluß zu machen. Doch dann war er es, der das College verließ; die Rassentrennung in den Wohnheimen wurde aufgehoben, und wir konnten alle Einrichtungen der Universität uneingeschränkt nutzen. Heute müssen sich schwarze Studenten nicht länger ausgegrenzt fühlen – meine Hoffnungen haben sich erfüllt.

Ich habe noch eine großartige Geschichte zu erzählen: Eines Tages, 1972 oder 1973, ich weiß noch, daß es ein Sonntag war, klingelte es an meiner Tür, und als ich aufmachte, stand da ein Mann, der einen in Zeitung eingewickelten Gegenstand in der Hand hielt. Er sagte: „Sind Sie Paul Parks?" Ich bejahte, und er sagte: „Wissen Sie, wir haben einige Jahre nach Ihnen gesucht." Ich fragte: „Warum?", und er sagte: „Wissen Sie, ein Mann, den Sie aus Auschwitz befreit haben, hat sich an Sie erinnert. Er hat im Lager eine Menora gemacht, aus Nägeln zusammengeschweißt und gelötet. Er hat die Menora all die Jahre behalten, und bevor er starb, sagte er seiner Familie, daß er wollte, daß Sie sie bekämen. Also haben wir Sie gesucht. Hier." Und so gab dieser Mann mir nun diese Menora in Erinnerung daran, daß ich einer von denen gewesen war, die Dachau befreit hatten. Ich habe die Menora immer in Ehren gehalten. Mag sein, daß sie nicht perfekt gearbeitet ist, aber in meinen Augen ist sie vollkommen und schön. Der Gedanke, daß jemand unter Bedingungen, die man sich gar nicht schlimmer vorstellen kann, einen derart schönen Gegenstand anfertigen konnte, erfüllt mich mit Respekt. Ich habe zwar im Krieg mehrere Orden erhalten, mich selbst aber nie als Held oder Befreier gefühlt. Es war Zufall, daß ich gerade zu diesem Zeitpunkt da war. Ich bin der Ansicht, daß alle, die am Krieg in Europa teilnahmen, dazu beigetragen haben, daß die Lager befreit wurden. Und ich glaube, daß der Mann, der mir die Menora vermacht hat, ein Zeichen der Anerkennung setzen wollte. Anerkennung dafür, daß er durch unsere Beteiligung wieder ein freier Mensch geworden war, der sich seinen Stolz bewahrt hatte. Die Tatsache, daß er starb, bevor wir noch einmal die Gelegenheit hatten, miteinander zu sprechen, stimmt mich ein wenig traurig. Aber mit der Menora halte ich ein Teil von ihm in meinen Händen, und ich kann erahnen, wie er sich gefühlt haben mag, als er sie anfertigte.

Als ich Deutschland damals verließ, empfand ich den Deutschen gegenüber nur Bitterkeit, und Jahre später hatte ich ein merkwürdiges Erlebnis. Meine Frau und ich waren bei den Olympischen Spielen in Barcelona. Ein Freund hatte uns Karten besorgt. Mir war allerdings nicht klar, daß sich unsere Plätze inmitten eines Blocks deutscher Zuschauer befanden. Als ich mich neben einen Mann setzte, der etwa so alt war wie ich, rückte der auf seinem Sitz so weit wie möglich von mir ab und sagte mit seinem gutturalen deutschen Akzent: „Von Ihresgleichen will ich nicht berührt werden." Meine Frau fragte mich, was ich ihm entgegnet hätte, denn der Mann wurde bleich wie eine Wand, und sie glaubte, ich hätte ihm Angst eingejagt. Aber ich hatte gar nicht auf seine Bemerkung reagiert. Am liebsten hätte ich gesagt – halt, stop, das haben wir doch lange hinter uns! Was mich an diesem ganzen Vorfall dann aber doch noch positiv stimmte, war die Tatsache, daß direkt unter uns eine Gruppe junger Deutscher saß, die nicht stumm blieb. Diese Jugendlichen drehten sich zu mir um und sagten: „Mister, wir möchten uns für diesen Mann entschuldigen, er hätte das nicht sagen, nicht einmal denken sollen." Und da dachte ich, vielleicht gibt es ja doch noch Hoffnung, vielleicht.

Ich bin jetzt ein alter Mann, aber solange ich aufstehen kann, werde ich gegen diese Seuche kämpfen, denn so nannten es die Insassen von Dachau damals; das ist der Traum der Überlebenden – daß diese Nation, diese Welt nie mehr einem Menschen so etwas antut.

Warren Dunn

Warren Dunn, ein Befreier des Konzentrationslagers Dachau.

Ich war fünfzehn, als der Krieg in Europa ausbrach, und lebte zu jener Zeit im kalifornischen Santa Barbara. Wir maßen dem Krieg nicht sonderlich viel Bedeutung bei, denn er war weit weg, in einem fremden Land, und ich war vor allem damit beschäftigt, das Leben zu genießen. Wir erfuhren nur wenig darüber, was mit den Juden in Europa geschah. Der amerikanischen Öffentlichkeit war vermutlich nicht bekannt, daß in Deutschland, Polen und anderen Ländern Menschen eingesperrt wurden. Bis zu dem Zeitpunkt, als ich selbst ein Konzentrationslager betrat, hatte ich keinerlei Kenntnis davon, daß Menschen vergast und verbrannt wurden.

Ich erfuhr davon, als ich in Dachau war. Als Kompaniechef hatte ich den Befehl, das Lager zu befreien, in dem ich mehrere hundert Kriegsgefangene vermutete. Wir erreichten es um sechs Uhr früh und hatten Anweisung, den Gefangenen zu sagen, daß Sanitäter und Lebensmittel unterwegs seien. Doch bevor wir in das Lager kamen, hatte bereits eine andere Einheit einige der Wachen und andere Deutsche, die nicht rechtzeitig hatten fliehen können, gefangengenommen und exekutiert. Der Kompaniechef dieser Einheit wurde später vor ein Kriegsgericht gestellt, doch wenn man etwas Derartiges sieht und die Menschen vor sich hat, die es zu verantworten haben, dann kommt ein unbeschreiblicher Haß in einem hoch.

Das erste, was wir noch vor Betreten des Lagers sahen, war ein Zug von vierzig Waggons voller Leichen. Dann zerschossen wir die Schlösser am Tor und betraten das Lager. Auch hier sahen wir Leichen, Tausende, die auf dem ganzen Gelände verstreut lagen. Wir wußten nicht, was hier geschehen war, es war gespenstisch, absolut gespenstisch. Es war noch recht kalt, so daß der Leichengestank, den man bei wärmerer Witterung erlebt hätte, ausblieb. Aber es roch nach Tod – ich kannte diesen Geruch aus der Schlacht, wenn wir dem Feind begegneten, diesen Geruch nach toten Soldaten und Pferden. Dieser Geruch lag über dem Lager, der Geruch des Todes, vermischt mit dem der Gefangenen, die seit Ewigkeiten nicht mehr gebadet oder geduscht hatten.

Ich war nicht im mindesten auf das vorbereitet, was ich in Dachau sah. Es überstieg meine Vorstellungskraft, ein Alptraum. Keiner von uns – auch nicht der Kommandeur meines Bataillons – wußte, was vor sich ging, da wir in Kampfhandlungen mit dem Feind verwickelt gewesen waren und keine Ahnung hatten, was dieser Feind den Juden, Polen und anderen antat. Erst Jahre später, als ich mit meiner Frau die Gedenkstätte besuchte, erfuhr ich, daß Dachau auch das erste Lager war, in dem Homosexuelle und politische Gegner Hitlers gefangengehalten worden waren.

Der Anblick der mit Leichen gefüllten Waggons erfüllte mich mit Abscheu und Haß, ich spürte, wie mir übel wurde. Ich konnte nicht verstehen, was hier schiefgegangen war. Ich war ein junger Leutnant, gerade zwanzig Jahre alt, und hatte nie etwas derart Furchtbares gesehen. Selbstverständlich hatte ich im Gefecht schon Tote gesehen, aber das ist etwas anderes: Wenn man gegen den Feind kämpft und selbst schießt, rechnet man mit Toten. Aber mit etwas wie diesem konfrontiert zu sein – ich konnte nicht glauben, was ich sah, ich konnte es einfach nicht glauben. Allein in Dachau gab es etwa 15.000 Tote, und ähnlich hohe Zahlen gelten meines Wissens auch für Buchenwald, Bergen-Belsen und andere Lager. Unter all den Leichen in den Güterwaggons fand man nur einen einzigen Überlebenden.

Kurz nachdem ich das Lager betreten hatte, stieß ich auf einen belgischen Hauptmann. Er war erst vor kurzem gefangengenommen worden und daher in nicht ganz so schlechtem Zustand wie viele andere. Ich hatte den Eindruck, daß er aufgrund seiner Erlebnisse nicht mehr ganz bei sich war. Aber man hatte ihn etwas besser behandelt, weil er Offizier war und vielleicht auch, weil die Deutschen dachten, sie müßten ihn so kurz vor Kriegsende besser behandeln. Als Belgier sprach er ein wenig Englisch, und ich sprach etwas Deutsch, so daß wir uns gemeinsam mit den Gefangenen verständigen konnten. Er war zwar nicht lange im Lager gewesen, konnte mir aber trotzdem über die grausame Behandlung der Gefangenen berichten. Und obwohl er sich soweit als möglich im Hintergrund gehalten hatte, wußte er, was vor sich gegangen war. Von ihm erfuhr ich, daß kurz vor unserer Ankunft viele Menschen exekutiert worden waren. Himmler hatte einen Brief geschrieben, der allen Lagerkommandanten zugegangen war und in dem es hieß, daß die Alliierten bei ihrer Ankunft keine Überlebenden vorfinden dürften.

Damals im Lager begriff ich nichts. Warum waren all diese Menschen hier? Warum so viele Tote? Was hatten sie verbrochen, daß man sie so behandelte? Das waren die Fragen, die mir durch den Kopf gingen. Ohne jedes Wissen über die Hintergründe, verstand ich nicht, was das bedeutete: Holocaust. Wie konnte ein Mensch einem anderen so etwas Grausames antun? Ich begriff es einfach nicht, es überwältigte uns alle, die wir in das Lager kamen, selbst kampferprobte Männer, die schon lange Soldaten waren. Wir hatten noch nie so etwas gesehen. Als Kompaniechef mußte ich die Kontrolle über meine Leute behalten. Meine Aufgabe war es, sie zu führen, ihnen zu sagen, was sie zu tun hatten, und dabei selbst nicht zusammenzubrechen. Das fiel mir furchtbar schwer. Viele meiner Männer ertrugen das kaum, manche fielen in Ohnmacht, manche übergaben sich. Mir war selbst speiübel, aber als ihr Anführer hatte ich mich zusammenzureißen. Und ich sah mich noch vor eine weitere Schwierigkeit gestellt. Ich kam als Befreier, hatte aber den Auftrag, die Menschen im Lager festzuhalten, weil sie draußen unweigerlich gestorben wären: Halb verhungert, konnten sie sich kaum auf den Beinen halten. Es war gar nicht daran zu denken, daß sie da draußen für sich selbst sorgen konnten. Dennoch kamen viele Gefangene, die ein wenig Englisch sprachen, zu mir, um sich zu bedanken. Sie wollten mir berichten, welches Grauen sie so lange durchlitten hatten, und mitteilen, daß sie nun wieder Hoffnung zu überleben hätten. Ich konnte mich aufgrund der Sprachprobleme nicht gut mit ihnen verständigen, aber ich spürte, daß sie wußten, wir waren da, um sie zu retten. So gesehen, machte mich der Gedanke, daß wir in der Lage waren, so viele Leben zu retten, überaus glücklich.

Nach der Befreiung war ich der zuständige Offizier für die Informations- und Bildungsabteilung unserer Division, so daß ich noch ein Jahr in Deutschland blieb, bevor ich nach Hause zurückkehrte. Doch die Alpträume quälten mich von Anfang an. Noch zehn Jahre nach dem Krieg hatte ich schreckliche Alpträume, und ich konnte nicht vergessen, wie viele meiner Männer in Ohnmacht gefallen waren oder sich übergeben hatten. Doch ich sprach nicht über meine Erlebnisse, nie. Gleich nach meiner Rückkehr im Jahr 1946 heiratete ich. Doch auch mit meiner Frau sprach ich nicht darüber, weder mit ihr noch mit meinen Kindern, noch mit irgendeinem anderen Menschen. Es war Marge, meine zweite Frau, die mir schließlich Mut machte, darüber zu sprechen. Und erst da erzählte ich alles und glaubte, nun sei ich darüber hinweg. Aber das war ich nicht. Und so fuhren Marge und ich vor sechs Jahren nach Europa, um die Orte aufzusuchen, an die mich die Kämpfe im Zweiten Weltkrieg geführt hatten. Wir fuhren auch nach Dachau, wo sich heute eine Gedenkstätte befindet, und die Erinnerungen überwältigten mich. Ich sah wieder die Menschen vor mir, die uns entgegendrängten, als sie sahen, daß wir das Lager besetzten. Sie dachten nicht daran, daß die Zäune unter Spannung standen und jeder, der mit ihnen in Berührung kam, einen tödlichen Stromstoß erlitt. Viele kamen dabei ums Leben. Ich hatte das ganz vergessen, bis wir jetzt durch das Besuchertor traten und ich die Isolatoren auf den Zaunpfählen entlang des Grabens sah. Plötzlich standen diese Bilder wieder vor meinen Augen, und ich brach in Tränen aus. Allmächtiger Gott, ich erinnerte mich daran, und daran, daß ich beides zugleich gewesen war, Befreier und Henker. Der Gedanke läßt mich bis heute nicht los, und ich frage mich, ob wir nicht früher hätten dort sein und mehr Leben retten können? Wenn wir gewußt hätten, was in diesen Lagern vor sich ging, vielleicht hätten wir dann früher dort sein können. Aber wir hatten keine Ahnung.

Marge und ich reisten damals in einem Volkswagen durch ganz Europa und waren von Nürnberg nach Dachau gefahren. In der Stadt angekommen, fragten wir ein paar Leute in unserem Alter nach dem Weg zum Lager. Wir erhielten zur Antwort, daß sie nicht wüßten, wo es sei. Mir war danach, ihnen zu sagen: „Ihr wißt verdammt genau, wo es ist!" Ich fragte sie auf deutsch, ob sie ihr ganzes Leben in Dachau gelebt hätten. „Aber ja", erwiderten sie. Und da fragte ich sie weiter, wo die Gedächtnisstätte wäre, und wieder war da dieses Leugnen: „Ich weiß nicht, wovon Sie sprechen." Damals, 1945, hatten wir alle Bewohner der Stadt antreten lassen und sie zum Lager geführt. Wir fragten sie: „Wußten Sie, was hier geschah?" Und sie antworteten: „Nein, nein", sie hätten nicht danach zu fragen gewagt, aus Angst, dann selbst ins Lager zu kommen. Und als wir sie ins Lager führten, sind viele von ihnen zusammengebrochen. Sie konnten nicht glauben, was sie da sahen. Wir fragten: „Wie konnten Sie nichts merken, der Gestank des Krematoriums muß doch einen Verdacht in Ihnen geweckt haben. Die Züge, die in der Nacht Leichen zum Krematorium brachten – wie konnten Sie da nichts wissen?" Und wieder verteidigten sie sich: „Wir wagten nicht einmal zu denken, daß so etwas vor sich ging." Und jetzt, fünfzig Jahre später, noch immer dieses Leugnen. Ich bin sogar Menschen begegnet, die behaupten, all das wäre niemals passiert – niemals. Und ich gab zurück: „Aber ja doch!" Es ist pas-

Warren Dunn mit seiner Frau Marge auf einem Veteranenfriedhof in Los Angeles, Kalifornien.

siert, Millionen Menschen, Juden, Polen, Russen und viele andere. Ausgelöscht von einem total verrückt gewordenen Volk, von Nazideutschland. Das meine ich mit dem Leugnen. Ich fasse es einfach nicht, daß es so viel Leugnen gab und noch immer gibt.

Ich bin davon überzeugt, daß die Welt bis auf den heutigen Tag keine Lehren daraus gezogen hat. Es werden noch immer so viele Grausamkeiten begangen – in Bosnien-Herzegowina und Ruanda. All das Töten, der Völkermord, vor allem im ehemaligen Jugoslawien. Ich würde sagen, der Holocaust hat die Menschheit nichts gelehrt. Solange es Menschen gibt, davon bin überzeugt, wird es auch solche Abscheulichkeiten geben.

Wenn ich an die Kinder denke, die wir im Lager fanden, fällt es mir immer noch schwer, den Deutschen zu vergeben, denen, die so alt sind wie ich. Und das ist auch ein Grund, warum ich meinen sechs Kindern, den vier Enkeln und zwei Urenkeln erzählt habe, was damals geschehen ist. Vielleicht kann ich ihnen auf diese Weise vermitteln, was sich ereignete, damals, als ich zwanzig war. Und vielleicht wachsen sie so zu Menschen heran, die verhindern, daß sich so etwas noch einmal wiederholt. Ich setze meine Hoffnung in die Jugend. Und ich bin stolz, daß ich damals dort war und so viele retten konnte. Ich bedauere nur, daß ich nicht früher dort war.

Katsugo Miho

Katsugo Miho, ein Befreier des Konzentrationslagers Dachau. Zu dem Zeitpunkt, als er das Lager befreite, wurde sein Vater von US-Behörden in einem Internierungslager festgehalten.

Geboren und aufgewachsen bin ich auf der zu Hawaii gehörenden Insel Maui. Am 7. Dezember, als die Japaner Pearl Harbour bombardierten und der Krieg ausbrach, wurden prominente Mitglieder der japanischen Gemeinde verhaftet. Noch in derselben Nacht wurde auch mein Vater als Staatsfeind interniert. Er war Lehrer, und alle Lehrer der japanischen Sprachenschule wurden verdächtigt, Agenten der japanischen Regierung zu sein.

Ich war zu diesem Zeitpunkt Student an der University of Hawaii. Am Morgen des 7. wurden alle Mitglieder des ROTC einberufen. Wir meldeten uns als Freiwillige zum Dienst in der Hawaiian Territorial Guard. Etwa eineinhalb Monate später übernahm ein Offizier aus New York das Kommando über die Schutztruppen von Hawaii. Als er die Insel Oahu inspizierte, sah er unter den Männern, die das Wasser- und Elektrizitätswerk bewachten, viele asiatische Gesichter.

Er fand heraus, daß wir Amerikaner japanischer Herkunft waren. Besorgt veranlaßte er die sofortige Entlassung aller Amerikaner japanischer Herkunft aus der Hawaiian Territorial Guard.

Ich kehrte nach Maui zurück, absolvierte eine Lehre als Tischler und arbeitete auf einem Militärflugplatz, wo ich Baracken baute. In der Zwischenzeit hatte die 100. Infanteriebrigade, die sich aus hawaiischen Nisei (Amerikanern japanischer Herkunft) zusammensetzte, die schon vor Ausbruch des Krieges gedient hatten, in Wisconsin mit der Ausbildung begonnen. Das Kriegsministerium beschloß, das Risiko einzugehen und die 100. Brigade nach Italien zu entsenden, um sich mit der 34. Infanteriedivision zu vereinigen. 1943 wurde die 442. Brigade aufgestellt, und ich meldete mich als Freiwilliger für diese Einheit, die nur aus Nisei bestand.

Während meiner Grundausbildung in

Drei Soldatengeschichten

Camp Shelby erhielten wir die Gelegenheit, das Lager in Camp Livingston, Louisiana zu besuchen, in dem sich mein Vater zu jener Zeit aufhielt. Ich traf ihn und war sehr schockiert, daß er als Kriegsgefangener behandelt wurde. Ich hatte auch Gelegenheit, eines der Umsiedlungslager zu besuchen, in denen man Tausende japanische Amerikaner von der Westküste gegen ihren Willen festhielt. Das Lager war umgeben von Stacheldrahtzäunen, und an den vier Ecken waren Maschinengewehrposten, die Mündungen der Waffen waren auf das Lager gerichtet. Obwohl wir amerikanische Uniformen trugen, wurden wir von europäischstämmigen amerikanischen Soldaten mit gezogenen Waffen durchsucht. Die Mehrheit der Lagerinsassen waren Frauen, Kinder und amerikanische Staatsbürger. Nach unserem Besuch und unseren Protesten verbesserten sich die Zustände in den Umsiedlungslagern.

Als die 442. Brigade nach Übersee geschickt wurde, nahm ich an den Schlachten in Italien und Frankreich teil. Das 522. Feldartilleriebataillon wurde von der 442. Brigade getrennt und nahm an der Invasion Deutschlands teil. Wir kämpften in Mannheim, Frankfurt, Heidelberg und Ulm und standen kurz vor Berchtesgaden, als Deutschland kapitulierte. Ende April befanden wir uns in der Nähe von München, wo wir auf Konzentrationslager stießen. Später fanden wir heraus, das Dachau, das Hauptlager, Zehntausende von Gefangenen hatte.

Unsere Aufklärungseinheit zerstörte mit ein paar gezielten Schüssen die Torschlösser von einem der Nebenlager und ermöglichte Tausenden von Insassen, das Lager zu verlassen. Halb verhungert zogen diese Menschen, die wie wandelnde Leichen aussahen, auf der Suche nach etwas Eßbarem durch die schneebedeckte Umgebung. Die Deutschen hatten bei der Artillerie und für den Nachschub Pferde eingesetzt, so daß nun entlang der Straßen unzählige Pferdekadaver lagen. Wider besseres Wissen lösten die Häftlinge das Fleisch von den Knochen der Tiere und aßen es. Einige von ihnen starben, weil ihre Verdauungsorgane mit dieser Nahrung nicht fertig wurden.

Wir gaben ihnen unsere C-Rationen, die Notrationen, zu denen Dauerbrot, Käse und Schokolade gehörten. Später, als wir aus der Feldküche versorgt wurden, kamen die Lagerinsassen in die Nähe der um Essen Anstehenden und bettelten um Reste. Wir gaben ihnen alles, was wir hatten, und versuchten damit, unseren Befehlen zuwiderhandelnd, das Leiden dieser wandelnden Skelette zu lindern. Ich nehme an, allein die Tatsache, daß sie das Lager hatten verlassen können, gab ihnen Hoffnung. Sie befanden sich nicht länger hinter Stacheldraht – sie waren frei!

Viele der Lagerinsassen waren Ukrainer. Zumindest habe ich das so in Erinnerung, Juden aus der Ukraine. Einige trugen Häftlingskleidung, doch das war alles, was sie hatten, blau-weiß gestreifte Häftlingsanzüge. Es war unnötig, mit ihnen zu reden, so offensichtlich war, was sie brauchten, und wir hatten nur so wenig, was wir ihnen geben konnten. Wir sprachen also nur wenig miteinander, aber wir waren doch in der Lage, ihnen durch Gesten unser Mitgefühl mitzuteilen. Und in ihren Augen sahen wir Dankbarkeit. Man spürte den Funken von Hoffnung und Freude, wenn man jemandem half.

Während ich in Dachau und den umliegenden Lagern war, wurde mein Vater noch immer als Kriegsgefangener behandelt und in einem Lager in Santa Fe, New Mexico festgehalten. Die Eltern und Geschwister vieler Kameraden aus der 442. Brigade waren in sogenannten Umsiedlungslagern über die gesamten Vereinigten Staaten verteilt.

Im Laufe der zwei Jahre, die ich in Italien, Frankreich und Deutschland verbrachte, habe ich viel Schreckliches gesehen. Doch nichts war so schlimm wie der Anblick der Flüchtlinge aus den Konzentrationslagern. Wir sahen die Leichen von Deutschen und Amerikanern auf den Schlachtfeldern, in groteskem Zustand. Doch das Furchtbarste, was ich je in meinem Leben gesehen habe, waren die Überlebenden des Holocaust. Das ist etwas, was ich nie vergessen werde.

Epilog

Dr. Randolph Braham

Es gehört zu den großen Tragödien des Zweiten Weltkriegs, daß die ungarischen Juden noch so kurz vor dem Sieg der Alliierten ausgelöscht wurden. Obzwar zahlreichen diskriminierenden Maßnahmen ausgesetzt, die annähernd 64.000 Juden das Leben kosteten und der jüdischen Bevölkerung die fundamentalen Bürgerrechte entzogen, überlebte der größte Teil der ungarischen Juden die ersten Kriegsjahre.

Im Oktober 1942 traten einige hochrangige ungarische Persönlichkeiten heimlich an einen von Adolf Eichmanns engsten Mitarbeitern heran, um ein „Umsiedlungsprogramm" zu erörtern, von dem zunächst 100.000 sogenannte „Ostjuden" aus dem Nordosten Ungarns betroffen sein sollten. Eichmann, der sich darüber im klaren war, daß die ungarische Regierung einer „Lösung" nach deutschem Muster ablehnend gegenüberstand, zog es vor, so lange zu warten, bis die Ungarn der „Umsiedlung" aller Juden zustimmten. Die deutsche Besetzung Ungarns am 19. März 1944 schaffte dafür die Voraussetzungen.

Die Ereignisse, die zur Besetzung führten, begannen kurz nach der Niederlage der deutschen und ungarischen Truppen bei Woronesh und Stalingrad Anfang 1943. Als deutlich wurde, daß die Achsenmächte den Krieg verloren hatten, bemühte sich die Regierung Kállays, Ungarn aus der Allianz mit Deutschland zu lösen. Hitler war über die heimlich mit den westlichen Alliierten geführten Verhandlungen der Ungarn informiert und wollte ihre Pläne durchkreuzen. Damit war das Schicksal der ungarischen Juden besiegelt.

Die Besetzung schaffte die Voraussetzungen für die Nazis und ihre Komplizen, die „Endlösung" innerhalb kürzester Zeit durchzusetzen. Und Zeit spielte eine entscheidende Rolle. Die Rote Armee rückte zügig auf die rumänischen Grenzen vor, während die westlichen Alliierten kurz vor Abschluß ihrer Vorbereitungen für den D-Day standen. Mit Ausnahme einiger weniger Uneinsichtiger war selbst den Nazis klar, daß die Achsenmächte den Krieg verloren hatten. Vor diesem Hintergrund beschloß die SS, zumindest den Krieg gegen die Juden zu gewinnen.

Aufgrund der Erfahrungen, die sie mit dem Massenmord an Juden im von Deutschland beherrschten Europa gesammelt hatten, waren die Nazis in der Lage, die Operation in Ungarn in größter Eile durchzuführen. Die Kapazitäten der Todesfabriken in Auschwitz wurden erhöht und die Gleisanlagen so ausgebaut, daß sie nun direkt zu den Gaskammern von Birkenau führten. Innerhalb Ungarns bestand das Eichmann-Sonderkommando, dem relativ wenige SS-Berater angehörten und das die volle Unterstützung der neuen Regierung Sztójay genoß.

Ohne diese eindeutige Unterstützung wären die Nazis hilflos gewesen. Die rechtmäßig ernannte Regierung stellte den Sonderkommandos alle Mittel staatlicher Gewalt zur Verfügung: Die Fassade der nationalen Souveränität blieb mit Horthy an der Spitze aufrechterhalten, während Polizei, Gendarmerie und Beamtenschaft mit der SS zusammenarbeiteten. Dabei legten sie eine Routiniertheit und brutale Effizienz an den Tag, die häufig sogar die der Nazis übertrafen. Von Ende März bis Mitte Mai 1944 schlossen sie und ihre Nazi-„Berater" die erste Phase der Judenverfolgung ab: Die ungarischen Juden wurden isoliert, gekennzeichnet, enteignet und in Ghettos getrieben. Im Laufe der nächsten zwei Monate wurden sie Opfer eines ebenso barbarischen wie mit irrsinniger Geschwindigkeit durchgeführten Deportations- und Vernichtungsprogramms, mit dem die Krematorien in Auschwitz-Birkenau nicht mithalten konnten. Gruben mußten ausgehoben werden, um Tausende von Opfern zu verbrennen, die in den Krematorien nicht mehr beseitigt werden konnten. In diesem letzten großen Vernichtungsfeldzug der Nazis gegen die europäischen Juden wurden annähernd 440.000 ungarische Juden deportiert. Als die Deportationen am 9. Juli ausgesetzt wurden – dem Tag, an dem Raoul Wallenberg in Budapest eintraf, um seine Rettungsmission durchzuführen –, war ganz Ungarn mit Ausnahme Budapests bereits „judenrein".

Das Ausmaß der Katastrophe läßt sich durch folgendes Zahlenmaterial illustrieren: Am 6. Juni 1944 (dem D-Day), als die größte multinationale Armada, die jemals unter einem Kommando vereinigt worden ist, die Strände der Normandie erstürmte, erreichten drei Transporte mit annähernd 12.000 Juden aus dem Norden Siebenbürgens Auschwitz-Birkenau. Am Ende desselben Tages war die Zahl der Gefallenen der alliierten Truppen nur halb so groß wie die Zahl der ermordeten Juden. Während die Alliierten in der Folge, d. h. nach der Sicherung der Normandieküste, immer weniger Gefallene zu beklagen hatten, blieb die Zahl der Tag für Tag ermordeten ungarischen Juden bis zum 9. Juli konstant. Die Zahl der Kriegstoten Großbritanniens (das besonders unter den deutschen Angriffen zu leiden hatte), Zivilisten wie Soldaten zusammengenommen, war nur halb so groß wie die Zahl der ums Leben gekommenen ungarischen Juden. Sinn und Zweck derartiger Vergleiche ist keineswegs, die von den westlichen Alliierten erbrachten Opfer herunterzuspielen, sondern vielmehr das Ausmaß des Holocaust in Ungarn zu verdeutlichen.

Als Ende 1944 durch den Vormarsch der Roten Armee Auschwitz als Zielort nicht länger in Frage kam, zwang man Tausende Budapester Juden, in Richtung der deutschen Reichsgrenzen zu marschieren. Viele Gefangene – ohne Schuhe, ausgezehrt und mit unzureichender Kleidung – starben an Hunger und Typhus. Noch mehr kamen in den Lagern entlang der Grenze oder in den Konzentrationslagern in Deutschland ums Leben: in Mauthausen, Buchenwald und Bergen-Belsen.

Etwa ein Zehntel aller im Zweiten Weltkrieg ermordeten europäischen Juden war aus Ungarn, nämlich 600.000. Mehr als zehn Prozent von ihnen starben als Zwangsarbeiter.

War das System der Zwangsarbeit vor der Besetzung Ungarns eine Strafmaßnahme, stellte es nach dem Einmarsch der Deutschen eine potentielle Zuflucht dar. Unter der direkten Jurisdiktion der Ungarn genossen die Zwangsarbeiter den Schutz des Militärs. Einige Offiziere „rekrutierten" sogar Juden, um sie vor der Deportation zu bewahren. Deren Situation verschlechterte sich allerdings nach dem Staatsstreich der Pfeilkreuzler am 15. Oktober 1944: In den letzten Monaten des Krieges wurden Tausende von Zwangsarbeitern deportiert und teilten das traurige Schicksal der Juden.

Ich selbst bin ein Überlebender des ungarischen Holocaust. Als ich am 4. Oktober 1943 zur Zwangsarbeit eingezogen wurde, verabschiedete ich mich von meinen Eltern in dem Glauben, schon bald wieder zu Hause zu sein. Doch ich sah sie nie wieder. Ich wußte nicht, was mit ihnen geschehen war, bis ich 1945 meine Schwester Margaret wiederfand, die aus einem Konzentrationslager in Norddeutschland befreit worden war. Bei der Ankunft in Auschwitz hatte man sie von den Eltern getrennt: Sie wurden in die Reihe derer geschickt, die man vergaste.

Ich wurde im Januar 1945 nahe der ungarisch-slowakischen Grenze befreit.

Zunächst kam ich in ein sowjetisches Kriegsgefangenenlager, dann kehrte ich in meine Heimatstadt zurück und nahm mein Studium wieder auf. Nachdem ich ein Jahr lang in meiner völlig zerstörten Heimatstadt gelebt hatte, zog ich zu meinen Verwandten in die USA. Ein Hillel-Stipendium ermöglichte mir das Studium am City College von New York, dem ich als Mitglied der Fakultät bis zu meiner Pensionierung im Jahre 1992 verbunden blieb.

Während der Arbeit an meiner Promotion in Politologie entwickelte ich ein besonderes Interesse für den Holocaust. 1953/54 wurde ich außerordentliches Mitglied des YIVO-Institute for Jewish Research und erstellte Bibliographien und Dokumentationen für *Yad Vashem,* die in eben dieser Zeit errichtete Gedenkstätte in Jerusalem. Selbstredend beschäftigte mich auch das Rätsel, wie es gelingen konnte, Ungarn am Vorabend des alliierten Sieges „judenrein" zu machen, als die gesamte Welt schon Kenntnis von Auschwitz hatte.

Kein anderes Kapitel der Geschichte der Menschheit ist so gut dokumentiert wie der Holocaust. Aber hat die Welt ihre Lektion daraus gelernt? Die Mahnung des amerikanischen Philosophen George Santayana gilt noch immer: Wir müssen aus der Vergangenheit lernen, um die Zukunft zu sichern. Wenn man sich die großen Katastrophen der Nachkriegszeit vor Augen hält – die Massenmorde in Uganda, dem Sudan, Ruanda, Burundi, Kambodscha und auf dem Balkan –, ist man zu glauben geneigt, die Welt habe nur wenig gelernt. Ich bin der festen Überzeugung, daß der Holocaust gelehrt werden muß als ein Kapitel in der langen Geschichte der Unmenschlichkeit, der Verbrechen von Menschen an Menschen. Jener Geschichte, die uns eine Unmenge von Lektionen über die zerstörerische Wirkung von Intoleranz und Haß, Diskriminierung und Verfolgung vermittelt. Es herrscht Einigkeit darüber, daß der Holocaust in der Geschichte der Unmenschlichkeit von Menschen an Menschen einzigartig ist: Der Holocaust muß gelehrt werden als das Höchstmaß des Terrors, der auftritt, wenn der Mensch seine moralische Integrität und seinen Glauben an die Unantastbarkeit des menschlichen Lebens verliert. *Die letzten Tage* ist ein fundierter und überzeugender Beitrag zu diesem Lernprozeß.

Die Shoah Foundation

Einige der mehreren tausend ehrenamtlichen Mitarbeiter bei der Arbeit in der Shoah Foundation.

Katalogisierer arbeiten mit den von der Shoah Foundation entwickelten Computerprogrammen. Sie versehen die Aussagen der Holocaust-Überlebenden mit einem Index, damit diese mit Hilfe von Schlüsselwörtern, Namen, Orten oder anderen Kriterien erforscht werden können.

Steven Spielberg gründete die Survivors of the Shoah Visual History Foundation im Jahre 1994 mit einem dringenden Anliegen: Berichte aus erster Hand von Überlebenden des Holocaust, Zeugen, Befreiern und Rettern zu dokumentieren, bevor es zu spät ist. Für das Ziel, zehntausende Augenzeugenberichte aufzuzeichnen – das größte Unternehmen dieser Art –, baute die Shoah Foundation ein Multimedia-Archiv auf, das Erziehung und Forschung dienen soll. Das Vermächtnis der Erfahrungen jüdischer und nichtjüdischer Zeugen des Holocaust gab dem Archiv eine Vielzahl von Perspektiven und Einsichten, zu denen viele beitrugen: Überlebende von Ghettos und Lagern, überlebende Kinder, Flüchtlinge, Widerständler (darunter auch Partisanen, Retter und Unterstützer), Zeugen Jehovas, Sinti und Roma (Zigeuner), Homosexuelle, Opfer der Rassenpolitik, Beteiligte an Kriegsverbrecherprozessen und deren Zeugen, Befreier und Befreite sowie andere Augenzeugen.

Im Archiv ruhen mehr als 50.000 unbearbeitete Aussagen, über 230.000 Videocassetten von insgesamt gut 115.000 Stunden Dauer. Man würde mehr als dreizehn Jahre brauchen, um die Sammlung von Anfang bis Ende zu betrachten.

Die Shoah Foundation hat ein detailliertes Indexsystem entwickelt, das es erlaubt, das Material nach historischen, biographischen und geographischen Gesichtspunkten, die von den Zeugen erwähnt werden, zu ordnen. Die so katalogisierten Aussagen sind das Rückgrat des digitalen Büchereisystems, das Forschern, Lehrenden und anderen Benutzern einen Zugriff zu dem Archiv von außen ermöglicht.

Das gesamte Archiv wird Museen, Bildungseinrichtungen und anderen Institutionen zu Forschungs- und Ausstellungszwecken zur Verfügung gestellt werden. Gleichzeitig beschreitet die Shoah Foundation neue Wege, um mit der Verbreitung dieser Sammlung Toleranz und weltweite Verständigung zu fördern. So wurden eine interaktive CD-ROM zu Lehrzwecken veröffentlicht (*Survivors: Testimonies of the Holocaust*) und zwei preisgekrönte Dokumentarfilme gedreht, *Survivors of the Holocaust* und *The Lost Children of Berlin*. Der Film *Die letzten Tage* ist die erste abendfüllende Dokumentation, die von der Foundation in die Kinos gebracht wird. Für alle Projekte der Foundation wurden Studienanleitungen erstellt, um Lehrenden effektive Mittel zur Verfügung zu stellen, die Geschichte des Holocaust und Toleranz zu lehren. Das Archiv wird den Betreibern von Wanderausstellungen zur Verfügung gestellt werden, ebenso örtlichen und regionalen Videobibliotheken.

Der Traum, dieses Archiv aufzubauen, wäre nicht ohne Menschen möglich gewesen, die sich in aller Welt diesem gemeinsamen Ziel verschrieben haben. So entstand eine Gruppe – weltweit über 3500 Interviewer, 1000 Kameramänner, 2000 ehrenamtliche Mitarbeiter, 2000 Repräsentanten verschiedener Gemeinschaften, Einzelpersonen und insgesamt 240 Angestellte, die in ihrer kulturellen, religiösen und ethnischen Verschiedenheit kollektives Wissen, Erfahrung und Können einbrachten.

Bald wird der letzte Augenzeuge des Holocaust gestorben sein, aber die Arbeit der Shoah Foundation wird es ermöglichen, Geschichte durch die Berichte zehntausender Überlebender sichtbar zu machen. Es ist ein Vermächtnis, das weltweit Studierenden, Lehrenden, Forschenden und der Öffentlichkeit zugute kommen wird.

Telefonische Anfragen an die Shoah Foundation sind unter 001-818-777-4673 möglich; die Postadresse lautet: Survivors of the Shoah Visual History Foundation PO Box 3168, Los Angeles, CA 90078, USA.

Die Videoübertragungsstationen der Shoah Foundation, wo die Originalbänder der Interviews mit den Überlebenden vervielfältigt werden: je eine Sicherheitskopie, ein Exemplar für die Katalogisierer, eine Version für die digitale Bücherei und eine Kopie für die Aussagenden selbst.

Quellen und weiterführende Literatur

Eine umfassende Untersuchung zum Holocaust in Ungarn bietet Randolph L. Braham, *The Politics of Genocide. The Holocaust in Hungary* (2 Bde., New York 1981, überarbeitete Neuausgabe 1994). Braham hat auch eine unschätzbare, mit Anmerkungen versehene Sammlung von Dokumenten herausgegeben, *The Destruction of Hungarian Jewry: A Documentary Account* (2 Bde., New York 1963; Neuauflage 1973).

Eine gut lesbare und zuverlässige Untersuchung der jüdischen Geschichte Ungarns bietet Raphael Patai, *The Jews of Hungary. History, Culture, Psychology* (Detroit 1996).

Eine gute aktuelle Einführung in die Vielschichtigkeit der ungarischen Geschichte findet sich bei Peter Sugar, Peter Hanak, Tibor Frank (Hrsg.), *A History of Hungary* (London 1990).

Mit dem Antisemitismus in Ungarn beschäftigen sich Nathaniel Katzburg, *Hungary and the Jews 1920–1943* (Bar Ilan 1981) und Moshe Y. Herczl, *Christianity and the Holocaust of Hungarian Jewry* (übersetzt von Joel Lerner, New York 1993).

Zu Widerstand und Rettung vgl. Asher Cohen, *The Halutz Resistance in Hungary, 1942–1944* (New York 1986), Arieh Ben-Tov, *Facing the Holocaust in Budapest. The International Committee of the Red Cross and the Jews in Hungary, 1943–1945* (Dordrecht 1988) und Per Anger, *With Wallenberg in Budapest* (New York 1981).

Eine Sammlung von Essays zum Thema Widerstand und Befreiung in der jüdischen und nicht-jüdischen Welt hat David Cesarani herausgegeben: *Genocide and Rescue. The Holocaust in Hungary 1944* (Oxford 1997).

Randolph H. Braham befaßt sich in einem Aufsatz mit dem Titel „Hungary" mit den Auswirkungen des Holocaust auf Ungarn nach dem Zweiten Weltkrieg, in: David Wyman (Hg.), *The World Reacts to the Holocaust* (Baltimore 1996), S. 208–218. Ebenfalls enthalten in diesem Band sind Essays, die die Reaktionen in Großbritannien und den USA zusammenfassen. Braham ist außerdem Herausgeber dreier Bände mit Essays *The Holocaust in Hungary Forty Years Later* (New York 1985), *The Tragedy of Hungarian Jewry* (New York 1986) und *Studies on the Holocaust in Hungary* (New York 1990).

Neben der mündlichen Überlieferung der Ereignisse durch Augenzeugen existiert auch eine erstaunlich reiche Holocaust-Literatur Überlebender. An erster Stelle ist hier das umfangreiche Werk Elie Wiesels zu nennen, doch auch die folgenden Titel beleuchten die verschiedenen Facetten der Katastrophe mit nicht weniger Intensität: Hedi Fried, *The Road to Auschwitz: Fragments of a Life*, hg. und übersetzt von Michael Meyer (London 1990); Isabella Leitner und Irving A. Leitner, *Isabella. From Auschwitz to Freedom* (New York 1994) (erschien in Auszügen zuerst 1978 unter dem Titel *Fragments of Isabella*); Ernö Szép, *The Smell of Humans*, übers. von John Bátki (London 1994); Trudi Levi, *A Cat Called Adolf* (London 1995); Gerald Jacobs und Miklós Hammer, *Sacred Games* (London 1995).

Bildnachweis

Die Fotografien wurden freundlicherweise von The Shoah Visual History Foundation zur Verfügung gestellt, mit Ausnahme folgender Abbildungen: AKG, London S. 53, S. 56, S. 57, S. 76, S. 81, S. 92, S. 95, S.102, S. 144, S. 145, S. 148, S. 149, S. 152, S. 153, S. 155, S. 164, S. 168, S. 187, S. 188, S. 190, S. 194, S. 195, S. 197, S. 199, S. 201, S. 203, S. 205, S. 210, S. 211, S. 214, S. 215, S. 218 oben; Camera Press S. 32, S. 66, S. 150–151, S. 154, S. 162, S. 186, S. 189, S. 196, S. 198, S. 202, S. 204, S. 212, S. 216, S. 217, S. 219; Camera Press/CAF S. 192, S. 193; Camera Press/Yevlegnny Khaldei S. 79, S. 182; Corbis S. 163; Corbis-Bettmann S. 208, S. 218 unten; Corbis-Bettmann/UPI Titelseite, S. 200, S. 216 unten; Corbis/UPI S. 62; David King Collection S. 180, S. 185; Dirzhavnii Archive, Užhorod S. 128, S. 133; Dokumentationsarchiv des Österreichischen Widerstandes S. 68; Ghetto Fighters' House S. 54, S. 78; Hungarian National Museum Historical Photographic Archives S. 63, S. 98, S.172; Institute of Contemporary History and Weiner Library Ltd S. 14, S. 50; KZ Gedenkstätte Dachau S. 120, S. 143; National Museum of Auschwitz-Birkenau S. 90, S. 141, S. 158–161, S. 165–167, S. 169; San Francisco Maritime National Historical Park S. 183; Simon Wiesenthal Center Library and Archives S. 80; Thomas Veres S. 124, S. 179; US Holocaust Memorial Museum S. 52, S. 55, S. 77, S. 93, S. 96 oben, S. 99, S. 108, S. 125, S. 213; Yad Vashem S. 26, S. 38, S. 65, S. 96 rechts, S. 100, S. 101, S. 104–107, S. 115–116, S. 146–147, S. 176–177.

Trotz intensiver Recherchearbeiten konnte der Verbleib der Urheberrechte für die Abbildungen auf den Seiten 2, 206 und 207 nicht geklärt werden. Diesbezügliche Informationen nimmt der Verlag dankbar entgegen.